문화치유4

나무꾼과 선녀

김 정 란 모음

도서출판 **치유시대**

나무꾼과 선녀

초판 1쇄 발행 2016년 11월 11일
초판 2쇄 발행 2016년 12월 5일
발행인 김정란 외

그린이 하님
펴낸이 김정란
펴낸곳 도서출판 치유시대

기 획 한국통일복지협의회
편집디자인 이지디자인(주)
디자인감수 이호백
등 록 제386-99-00174
주 소 서울시 광진구 뚝섬로 52마길 42-15, 901호
T. 02) 458-0809 / F. 02) 458-0869
E-mail. 76times@naver.com

● 책값은 뒤표지에 있습니다.
● 잘못된 책은 바꾸어 드립니다.

이 책의 판매 수익금은 모두 북한 자유인을 위해 쓰여집니다.

『나무꾼과 선녀』 그 안에 무엇이 있나?
차 례

인사말

김 성 이
한국통일복지협의회 회장
한국관광대학교 총장

반쪽이의 소망

우리나라 반쪽에 살고 있는 우리는
모두 반쪽이 반편일까?
반편들이 해야 할 일 중 하나는
삶의 현장 곳곳에서
다른 반편을 찾아 온전한 하나가 되는 일을
생각하고 나누며 살아야 하는 일일 것이다.

〈나무꾼과 선녀〉 이야기를 들으며 나는 깜짝 놀랐다. 〈나무꾼과 선녀〉 이야기는 초등학교 3학년 때 처음 배운 이야기인데 그 안에 무엇이 있길래?

– 북에서 남으로 보낸 첫 번 째 선물이 왜 하늘로 올라가는 선녀들 그림인가?
– 북에서 일어, 중국어로 펴낸 관광 상품이 왜 〈금강선녀〉이야기인가?

남과 북이 공유하는 전해오는 이야기를 문화치유 회원들과 들으며, 통일은 경제, 정치적으로 거창한 이야기도 중요하겠지만 남 북, 아니 전 세계가 공감하는 옛이야기에서의 시작도 중요하다는 생각이 든다.
이야기에는 책에서 배우지 않은 역사가 있고 진리가

있음을 알게 된다.
삶이란 부부가 행복하게 끝까지 영원까지 사는 것이다. 태초에 하나님이 계획하신 사랑, 아담과 하와 부부의 행복이다. 부부는 아무리 먼 곳에 떨어져 있어도 서로 오가며 만날 수 있어야 하는 것이다. 헤어졌다가도 다시 만나야 하는 나무꾼과 선녀 부부처럼, 가족처럼, 헤어진 나라도 다시 만나야 할 것이다.

전 세계가 공유하고 남과 북이 공유한다는 전설을 들으며 문화치유가 이제 본질의 문제로 들어섰음을 본다.

옛날 옛적으로부터 내려오는 이야기도 남과 북이 서로 갈라져 있다. 고조선에서 삼국시대로, 고려시대에서 이씨 조선 시대로 나라의 이름이 바뀔 때마다 나라는 새 기치관을 내어놓으며 변화하며 성장하고 있었다.

빛을 보며 태어나자 곧 헤어진 부부가 된 대한민국은 71년을 견디어 왔다.
가족의 만남이 통일이라는 소망을 바라며 우리는 몸과 마음과 정신과 영이 골고루 성장하는 나라가 되어야 할 것이다.

옛이야기를 오늘의 우리 이야기로 새 생명을 주려는 마음,
통일된 내일을 믿음으로 바라는 마음, 준비하는 마음,
그 마음 마음의 통일 소원이 있기에
이런 생명 나눔과 만남의 공동체가 있기에
우리의 앞 날은 희망의 노래를 부를 수 있다.

잠언 13장 12절
소망이 더디 이루어지면 그것이 마음을 상하게 하거니와 소원이 이루어지는 것은 곧 생명나무니라

펴내는 글

〈나무꾼과 선녀이야기〉를 지금, 여기, 우리의 이야기로 호흡하기 위해 문화치유모임에서 3회에 걸친 연구모임을 가졌다. 그 모임에서 듣고 나눈 이야기를 들은 순서대로 실었다.

첫 장에서는 제일 먼저 발표를 하신 건국대학교 명예교수이신 김정란 선생님이 들려주신 이야기이다.
'나무꾼과 선녀'와의 만남 이야기와 '분단 71년의 지금 우리에게 옛이야기를 동화로 다시 쓰기가 왜 필요한가'를 옮겼다. 1955년 초등교과서에 실렸던『나무꾼과 선녀』와 북의 전설 그림책『금강선녀』를 읽으며 비교할 수 있는 시간을 가졌다.

두 번 째 장은 정일형 선생님이 '나무꾼과 선녀' 관련 이론을 전개해주셨다.
제1장 〈전국 분포담으로서의 나무꾼과 선녀 이야기〉는 선생님이 강의 하신 이론 전개 부분을 편집부에서 요약하여 내어놓은 것이다. 제2장 〈나무꾼과 선녀에게서 부부(夫婦)를 생각하다〉는 글쓰기를 어려워하는 회원들에게 부부이야기를 우선 생각해보라는 글쓰기 안내를

위해 정일형 선생님이 다시 특별 정리하여 주신 것이다.

세 번 째 장은 문화치유 회원들이 나눈 이야기이다.
문화치유 연구회원은 세 그룹으로 구성되어 있다:

1) 〈꽃님팀〉 해외에 이민 가서 사는 회원들

2) 〈리베르떼팀〉 탈북 자유인팀

3) 〈우리우리팀〉: 일반인 ※

이야기 자리에 같이 있을 수 없는 남가주의 〈꽃님〉팀들은 그들의 부부 만남 이야기를 동화 형식으로 보내주었다. 각 자의 이야기를 편집부에서 통합하여 전체를 이루는 이야기로 옮겼다.

※ '우리'는 히브리어로는 '깨어나라'라는 의미 – 성경 속 여선지자 드보라가 노래한 '깰지어다 깰지어다(사사기 5장 12절)'를 히브리어 '우리우리'로 표기함과 동시에 우리 말 '우리'라는 공동체도 살리기 위함이다.

네 번 째 장은 특별한 공간이다.
중매쟁이의 지혜로운 거짓에 속아 결혼한 듯한 옛 이야기 속 주인공들에 대한 회원들의 혹평(?)을 들으신 최래옥 선생님은 8월 뜨거운 날에 더 뜨거운 약봉선생님의 결혼이야기를 다섯 마당으로 나누어 들려주시며 결혼과 부부의 의미를 다독여 주셨다. 결혼과 삶에 대해 우리가 기억해야 할 귀한 지혜의 이야기이다.

감사의 글
문화치유회원들의 글에 마음을 다하여 그림으로 빛나게 하여준 꽃님팀의 하님, 귀한 모임과 귀한 글들이라며 정성을 다해 격에 맞는 책으로 디자인해 주신 재미마주의 이호백 대표님과 이지디자인, 그 외 보이지 않게 중보하며 응원하여 주신 분들께 감사드립니다.

제1장
『나무꾼과 선녀』와의 만남

김 정 란
건국대학교 명예교수

♣ 일곱 번의 만남 이야기

첫 만남

1952년 우리 식구는 전쟁이 끝났다며 피난지 부산에서 서울로 올라오다 판교에 머물게 되었다. 서울로 갈 수가 없었기 때문이었다. 전쟁이 끝나지 않은 정전협정기간이었다.
우리 식구는 서울 입구 백현리현 백현동의 제일 큰 집 사랑방에 잠시 머물다 하산운리현 하산운동에 작은 초가집이 마련되어 옮기게 되었다.

원주민이 아닌 우리 집은 그 마을에서 제일 작은 집이지만 라디오가 있는 유일한 집이었다. 저녁이면 마을 사람들은 라디오를 들으러 우리 집 마당으로 모여들었다. 그러나 나에게 라디오 방송보다 더 재미있는 것은 잠자리에서 들려주시는 어머니의 옛날 이야기였다.

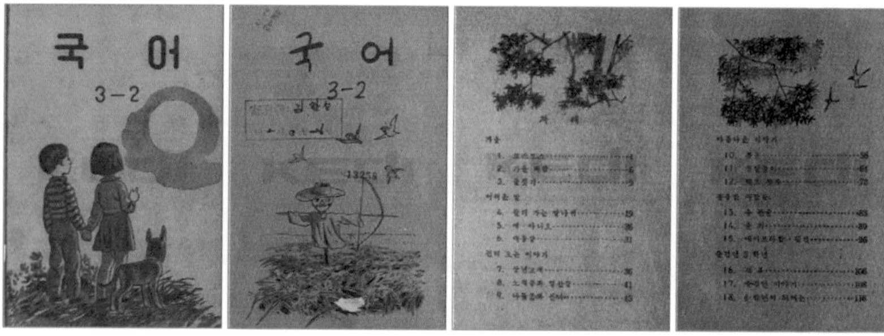

1953년 3-2교과서 겉표지와 차례

후에 알게 되었지만 어머니가 들려 준 이야기의 대부분은 방정환의 『사랑의 선물』에 실린 서구 이야기였다. 어머니는 그 책을 읽으셨었나?

1955년에 나는 초등학교 3학년이었다. 그 해 3학년 2학기 국어 교과서에는 처음으로 〈전해오는 이야기〉가 실렸다. 「나무꾼과 선녀」였다. 전해 내려오는 이야기 〈선녀이야기〉와의 첫 만남이었다.

하늘나라의 선녀가 땅으로 목욕하러 왔다가 날개옷을 숨긴 나무꾼과 결혼하였으나 아이 둘을 낳은 후 나무꾼이 보여준 날개옷을 입고 하늘나라로 갔다는 이야기였다. 아이 셋 날 때까지는 날개옷을 보이지 말라는 사슴의 말을 어긴 나무꾼이 가족을 잃고 슬퍼하고 있을 때 다시 사슴이 나타나 하늘로 올라가는 비결을 가르쳐 준다. 나무꾼은 하늘서 내려오는 두레박을 타고 올라가 가족을 만나 온 가족이 행복하게 하늘나라에서 살았을 거라는 이야기였다.
이 이야기는 우리나라 1, 2차 교육과정기인 1955년부터 62년까지는 3-2 국어교과서에 1963년부터 1972년까지는 3-1 교과서에 실렸다.

교과서에서는 아직 동화라는 용어를 사용하지 않고 〈전해오는 이야기〉로 되어있다. 안데르센의 동화 「백조왕자」도 그 후 계속 생각나는 이야기였는데 지금 보니 안데르센의 동화는 〈아름다운 이야기〉로 엮여 있는 것이 눈에 띈다.

초등학교 교과서에서 처음 대한 이야기들 중 「나무꾼과 선녀」는 어린이가 주인공이 아니고 결혼한 부부의 이야기라 동화가 아니라고 나 나름대로 이해하여 왔던 것 같다. 유럽동화는 기독교적 이야기라는 것을 배우고 우리의 이야기는 영적인 차원의 이야기로 생각하지 않고 그저 전설로 보았기 때문일 수도 있다.
옛이야기에는 역사 교과서에 나오지 않는 역사적 사실이 있다는데, 프랑스의 뻬로Charles Perrault 1628-1703는 그의 동화가 허구의 이야기가 아니라 진리라고 하는데, 전설 '나무꾼과 선녀' 이야기는 어떤 씨앗이 떨어져야 동화로서 거듭 태어나게 될까? 오래 깊이 생각하지 못하고 나에게 맡겨진 학교일에 마음을 쓰며 시간은 흘러갔다.
교과시의 행복한 결말과 달리 어머니가 나에게 들려준 이야기는 가족이 헤어진 남과 북의 가족들처럼 다시 서로 헤어져 살게 되는 긴 이야기였다. 그 이야기가 나무꾼이 하늘로 다시 못 올라가고 지붕 위의 수탉이 되었다는 〈수탉 유래담〉이었다는 것을 안 것도 세월이 훨씬 흘러간 후 대학에서 교편을 잡으며 〈동화와 번역연구소〉에서 동화를 연구할 때였다.

선녀 이야기는 초등학교 학예회에서도 뮤지컬(?)로 공연되었는데 선녀로 하얀 옷을 입고 나온 언니가 무척 자랑스러웠다.
다른 노래가사는 다 잊었는데 홀로 남은 선녀가 부르는 노래가사와 곡조는 아직도 일부분 생각이 난다. "내 옷이 어디 갔나? 탐내어 가져갔나? 날 두고 가는 선녀 말이나 전하여 주오." 그 다음 가사는 확실하지는 않은데 "아버님 저 못 가요. 흑흑" 했던 것 같다. 선녀가 가고픈 나라, 살던 나라는 아버지 나라였고 되돌아간 나라도 아버지 나라였다.

기억 속의 나무꾼과 선녀는 계속 살아서 나의 삶 짬짬히 튀어나오곤 하였다. 언어를 가르치고 연구해야 할 사람이 엉뚱하게 우리 설화와 동화를 생각하고 있었다.

두 번째의 만남

1972년 박정희 대통령께 북한 김일성 주석이 이후락 중앙정보부장을 통해 선물을 전하였다. 〈금강산 선녀도〉이다.

〈금강산 선녀도〉

금강산을 배경으로 세 선녀가 빨강 노랑 파랑의 날개옷자락을 날리며 꽃다발을 들고 또는 악기를 연주하며 하늘나라로 올라가는 참 특이하고 의아스럽고 재미있는 그림이고 선물이었다. 아이 안고 올라가는 선녀가 아니라 꼭 막내 여동생 남겨 두고 올라가는 세 자매들 같이 보였다.

다른 전설, 특히 여름 밤 전설의 고향에서는 한 많은 혼들이 오르고 내리고 하였는데 우리나라의 선녀들은 영육을 갖춘 온전히 아름다운 모습으로 오르고 있었다. 하늘로 올려지시는 예수님처럼!

선녀나 요정들은 구름이나 안개에 가려져 올라간다고만 생각했는데, 그 어느 때에라도, 동생을 홀로 계곡 샘에 두고 올라가는 상황에서라도, 선녀들은 작은 악기나 꽃다발을 들고 연주하며 오르고 있네. 꽃다발을 든 선녀는 노래를 하였을까?
중국에서든 북에서든 북한 관련 어느 기관이나 식당을 방문하여도 북의 여인들은 누구나 곱게 차리고 가무를 보여주던 모습이 떠올랐다.

선물이니까 가장 곱게 잘 그리는 화가의 그림을 보낸 것인가? 고향을 못 가는 우리의 분단 상황은 이 고운 선녀 그림 안에도 우리가 알 수 없는 그 무언가가 들어있는 것 같았다.

여러 생각이 꼬리에 꼬리를 문다. 그 이야기에 무엇이 있길래.

세 번째의 만남

1973년 봄에 결혼하여 이룬 신혼가정에 잊고 있었던 교과서에서의 '나무꾼과 선녀'가 찾아왔다.

새 가구 사들이는 값을 절약하느라 모양이 괜찮은 낡은 응접세트를 사 갖고 와 하얀 페인트칠을 하며 동갑의 대학 동창인 신랑은 자신을 선녀와 결혼한 나무꾼이라 하였다. 나는 그냥 웃기만 하였다. 같은 학번 부부가 같이 공유했던 교과서 이야기가 새 나무꾼과 새 선녀가 되어 새 가정의 삶 속으로 들어온 것이다.

그 후 40년이 더 흐른 후의 문화치유 모임 시간에서도 남편은 각자 돌아가며 자신을 소개할 때 본인은 예나 지금이나 항상 나무꾼이라고 소개하였다. 그럼 나는 선녀였나? 선녀란? 그리 간단하지는 않았다.
나무꾼과 선녀는 그동안 무엇을 하였나? '나무꾼과 선녀'에는 무엇이 있길래 같이 배운 그 많은 이야기 중 유독 나무꾼과 선녀만 부부의 머리 속에 똑 같이 잠재하고 있었을까?
광복과 분단의 71년 나라에서 갈 수 없는 고향을 바라보며 오늘을 사는 우리에게 '나무꾼과 선녀'의 역할은 무엇일까?
이제는 전해오는 이야기에서도 가정에서도 개인의 문제에서도 통일을 생각할 때임을 헤어진 부부 이야기는 알려주고 있었다.

영화나 드라마에서 어린이가 달리다 성인이 달리는 모습으로 오버 랩 되며 바뀌는 영상이 떠올랐다. 옛 이야기도 과거에 머물러 있지 않고 앞날의 비전을 보여주는 이야기로 변화되어야겠는데... 어떻게?

네 번째의 만남

2000년에 동화가 인문대학에 연구해야 할 학문의 대상으로 찾아왔다.
그 때 나는 건국대학교 중원인문연구소 소장이었다.
인문연구소의 미래가 안 보인다며 연구소 특성화 프로그램으로 연구소 명칭이 〈동화와 번역연구소〉로 변경되었다. 인문학을 뿌리로 동화나 번역의 열매를 맺자는 의도였다. 명칭에 맞는 학술지를 내야 했다.
번역연구논문은 제법 들어왔는데 의외로 동화연구가 거의 없었다.

언어 전공이었던 나의 역할은 번역연구여야 했지만 첫 학술지에 동화연구를 올리기 위해 급히 동화관련 논문을 써야 했다. 학술지에 동화연구 영역을 채우기 위한 임시방편이었는데 계속 동화 숲 속에 갇히게 되었다. 과학적 연구로는 답이 잘 안 나오는 거슬러 올라가도 항상 옛날인 끝없는 이야기의 요정담 연구를 하며 동화 연구자들은 스스로를 요정 비비안Viviane에 의해 공기 탑에 갇혀진 마법사 멀린Merlin이라며 익살을 떨기도 했다.
단순하게 생각했던 동화의 세계는 개인의 힘으로는 알 수 없는 거대한 마법의 숲이었다.

먼저 동화의 콘텐츠가 되는 설화신화, 전설, 민담를 섭렵하기 시작했다. 독일, 러시아 등의 세계 민담과 우리나라 설화를 읽어야 했다.
동화를 써보아야 한다며 실험적으로 충주에 전해 오는 설화를 가지고 『아리공주와 꼬꼬왕자』초판 2001년 1월10일, 논장, 2015년 현재 제7쇄를 써보기도 하였다. 아직 동화와 설화를 구분할 수가 없었을 때이다. 동화연구는 언어과학과 인문과학적 연구보다 심오한 마법이 필요했는데 연구진은 계속 과학에서 답을 찾으려 하였다.

그 무렵 또 〈나무꾼과 선녀 이야기〉를 만났다. 어느 소모임 연구회 토론장에서였다. 초등학교에 실린 나무꾼 이야기는 〈나무꾼 승천담〉에서 끝나 민담에서의 〈수탉 전래담〉이 삭제된 미완성 이야기라는 것이었다.
전래동화는 전해 내려오는 이야기를 성실하게 반영하여야 할까?
수탉 전래담까지 다 실어도 동화가 될 수 있을까? 궁금했지만 민속, 민담학자도 국문학자도 아닌 내가 깊이 관여할 수 없었다. 프랑스어 전공자가 우선 집중해야 할 연구 영역은 프랑스동화였기 때문이다.

프랑스의 뻬로Charles Perrault 1628–1703 동화를 읽기 시작하였다. 전공인 프랑스어로 씌였고 문자로 기록된 첫 동화집이었기 때문이다.
답은 항상 '처음'에 있는 것 같았다. 프랑스어로 된 동화라 다행이었다.
뻬로의 이야기가 『어미거위 이야기』로 1차 발표1695년된 후 두 편 「막내 엄지」와 「도가머리 리케」가 첨가되고 수정되어 『옛 이야기역사 또는 꽁트 – 교훈 첨가』로 나온 여덟 편의 이야기는 많은 특히 귀부인 독자들을 열광시킨 히트선집이었다. 그러나 곧 이성과 사실주의와 과학의 시대에 접어들며 요정이니 식인귀니 하는 허황된 옛 이야기는 자라나는 어린이들에게 교육적이 되지 못한다는 이유로 거의 금서가 되었다.
『미녀와 야수』를 쓴 보몽부인도 더 이상 동화를 쓰지 않는 엄격한 교육자로 변하였다. 동화의 아버지 뻬로도 민속 민담학자들이나 비평가들로부터 끊임없이 비난의 화살을 받았다. 명망있는 가문의 프랑스 아카데미 학자 뻬로가 문학적 재능을 동화에 사용하여 쓰는 바람에 제대로 전수되어야 할 민담이 손상 내지 변질되었다는 것이다. 뻬로라는 거목이 민담이라는 숲을 가로막고 있다는 것이다. 뻬로 동화는 민담채집과 민담 연구의 불씨가 되어 이후 많은 민담이 수집되는 계기를 마련해 주었음에도 공로는 사라지고 혹평의 상처만 돌려준 것이다. 그래서인지 학문의 영역에서 (뻬로)동화는 인문학적 큰 힘을 지닌 민담 속에 묻혀지게 되었다.

학문의 영역에 동화라는 장르는 설자리를 잃은 것이다.
기호학 연구 등의 연구서에도 〈뻬로동화〉는 그냥 〈프랑스민담〉으로 처리되었다. 동화는 자율학문의 자리를 얻지 못하였고 지금까지도 얻지 못하고 있지만 동화라는 용어는 만인의 사랑을 받는 용어가 되어갔다.

동화는 예컨대 국문학에서는 구비문학과 아동문학으로, 민속학에서는 민담으로, 유아교육에서는 유아문학으로, 심리학에서는 분석심리의 좋은 자료로, 고고인류학에서는 옛 역사의 흔적으로 등의 각 학문 분야의 모퉁이에 하위그룹으로 작은 한 자리를 차지하고 있게 되었는데 그것이 더 동화의 정체성을 혼란스럽게 하였다. 뻬로동화가 나온 지 300년이 넘어도 동화의 정체성 문제는 해결되지 않은 채로 남아있다.

전래동화는 옛이야기로 바뀌어야 한다고 아동문학 관련학자들은 논리를 펴지만 또 언젠가는 사회가 성결聖潔하여져 민담과 옛이야기와 동화가 다 진리를 전하는 재미있는 이야기로 되어 구분이 필요없어 질 때가 올 지도 모르지만 정체성 모호한 '동화'는 어느 사이 널리 사랑받는 매혹적인 용어가 되었다. 이제는 어린이를 위한 이야기는 그것이 학습용 교재이던 정보용 학습서이던 현대아동소설이던, 그림책이던 웬만하면 다 〈동화〉로 포장 되었다. 동화는 어린이를 위한 이야기의 대표 용어가 되었고 '어른을 위한 동화'라는 용어도 생겼다. 그렇지만 원래의 〈선녀〉나 〈요정〉이 개입되어야 문제가 해결되는 동화의 초월적인 영역, 또는 뻬로 동화에서 밝혀진 기독교화된 교훈적 이야기의 특수성은 약화되었다. 20세기 들어 다행히 디즈니가 뻬로 동화를 영상 애니메이션의 콘텐츠로 택한 덕분에 잠자는 공주같았던 뻬로 동화는 잠에서 깨어나게 되었다. 그러나 잠자는 공주가 하나님이 보시기에 심히 아름다운 미녀로 깨어나지는 못하였다.
원래의 뻬로 동화에서는 잠들은 공주가 깨어난 것은 '때가 되었고 열정적인 젊은 왕자의 사랑' 덕분이었다. 왕자는 공주의 성스러운 아름다움에 감히 손도 잡지 못하고 무릎을 꿇었지만 20세기의 애니메이션 공주, 또 대부분의 어린이를 위한 동화에서의 공주는 왕자의 입맞춤으로 깨어났다. 동화가 지닌 '진리'와 '재미'라는 두 특성에서 진리는 아주 약화되고 재미는 더욱 강화되는 결과를 가져왔다. 잠자는 숲속의 공주는 아직 미녀로 성장하지 못하여 〈잠자는 숲 속의 미녀〉는 계속 〈잠자는 숲 속의 공주〉로 불리고 있다.

뻬로의 동화는 민담을 가로막은 방해물이었나? 동화는 민담내용에 충실하여야 하나? 프랑스 동화는 기독교가 그 바탕이었고 뻬로를 동화의 아버지로 삼는데 우리는 무속, 불교, 유교 시대에만 계속 머물러야 하나? 그 위에 기독교 시대를 덧입히는 것은 어려운 일인가? 설화에서 동화로의 변화과정은 전통고수傳統固守인가? 창작인가? 우리나라의 동화는 어디까지 왔나?
해묵은 질문을 해마다 다시 던지는 연속되는 토론 자리에서 난 또 한번 연구는 쉬운 이야기를 어렵게 이야기한다며 그러면서도 19세기부터 수집된 민담에 대한 그 노력이나 연구의 진지함에 감탄하며 〈나무꾼과 선녀〉를 만났다. 초등학교에서 처음 배운 이야기인데 프랑스어 전공자에게는 여전히 함부로 이야기 할 수 없는 〈나무꾼과 선녀〉였다.

다섯 번째의 만남

2004년 금강산을 방문하였다. 새해를 앞둔 12월 31일. 선녀와 나무꾼 이야기 중 널리 알려진 무대가 되고 있는 금강산의 상팔담을 보고 싶었기 때문이다. 해발 약 880미터밖에 안되지만 급경사 사다리를 14개나 타고 올라야 하기에 힘이 든다고 꼭 올라가지 않아도 될 사람은 그냥 구룡폭포까지만 보고 내려오라는 충언을 나는 귓전으로 흘렸다.
이곳을 보려고 금강산에 오른 것인데. 언제 다시 이곳을 올라 올 수 있다고 장담할 수 있으리오. 상팔담을 볼 수 있다는 설레임으로 나는 제일 앞장서서 상팔담이 보이는 구룡대로 올라가기 시작하였다.

드디어 구룡대에 올라 이리 저리 상팔담을 내려 볼 수 있을 때 흰 눈이 내리기 시작하였다. 사슴도 내려가기 어려웠을 절벽 계곡 아래로 내려다보이는 상팔담을 내려보며 나는 중얼거렸다.

"이렇게 가파른 곳으로 올라올 줄이야. 그런데 나무꾼은 저 계곡을 어찌 내려갔을까?"

상팔담에서 손이라도 담가 볼 수 있으리라 기대 하였는데, 눈발이 더 세차게 흩날리기 시작하였다. 내리는 눈 때문에 서둘러 하산 할 준비를 하는데 안내양의 '나무꾼과 선녀' 이야기를 듣던 한 어린이가 자기 엄마에게 묻는 소리가 들렸다.

"엄마, 선녀가 정말 있어? 어디 있어?" 웃고만 계신 엄마 대신 내가 답해주었다.
"물론 있지요. 지금 내리는 눈송이와 같이 계셔서 보이지를 않아요,"
그 날 내가 본 것은 펄 펄 내리는 눈이 아니라 훨 훨 내려오는 선녀였다.
천사나 선녀는 사람의 눈에 쉽게 보이지 않기 위해 비, 구름, 바람, 천둥 또는 눈보라 속에 나타난다고 전해 들었는데... 선녀는 구름과 안개에 임재해 계시는 하나님과 함께 있다가 눈을 타고 내려온다는데... 오늘 이곳엔 정말로 보이지 않는 선녀가 있을 것 같았다.
나는 소녀처럼 상기되어 어린이에게 말해주고 있었는데 다들 내려가기에 바빴다.

일행 중 나는 제일 연상이었고 '인생 100이면 이 이름난 곳 몇 번이나 더 볼 수 있으랴,' 김삿갓처럼 시조를 읊조려야 더 어울릴 나이였다.

여섯 번째의 만남

해금강에서 아침을 맞이하고 금강산을 떠나기 전 선물을 사러 관광 매장에 들어갔다. 책 한 권이 보였다. 〈금강산전설그림책〉이 있었다.
『금강선녀』[1] 였다. 나무꾼과 선녀이야기였다. 중국어와 일본어가 나란히 표기되어 있었고 그림 속 인물이 고왔다.
그 때 문득 의문이 생겼다.
"그 많은 이야기 중에 왜 『금강선녀』만 진열되어 있을까?" 오래 잊고 있

1) 김 성, 『금강선녀』
전설그림책, 조선 출판물 수출입사, 2000년 (주체 89년)

었던 다른 질문이 뒤를 이어 나왔다.

"나무꾼과 선녀에게는 무엇이 있길래 그 많은 선물 물품 중에 왜 〈금강산 선녀도〉였을까?"

『금강선녀』와 〈금강산 선녀도〉에 대한 궁금증은 다시 나를 〈나무꾼과 선녀〉와 만나게 하였다. 북에서 온 자유인, 이민 간 한국인, 그리고 우리들이 모여 담론하는 공동체 모임에서 같이 생각해 보기로 하였다.

'전해 내려오는 이야기 속에서 끊임없이 보여주는 남과 여의 만남과 결혼에서 복음통일의 길이 연결되어 있었다.
내가 '나무꾼과 선녀'를 만난 것이 아니라 하늘에 계신 아버님이 '나무꾼과 선녀'를 만나게 이끌어주신 것이다. 태초에 한 남자와 한 여자를 만드시고 부부는 성결한 하늘 식구로 살아가기를 원하신다고, 그것이 바라시는 원래의 모습이라고 말씀하며 이끄신 것이었다.
통일 이야기에서도, 먼저 부부의 사랑과 가정의 행복을 구하는 것이 거슬러 올라가도 올라가도 옛날인 태초부터 전해준 말로 들렸다.

다른 회원들은 '나무꾼과 선녀'에서 무엇을 보았을까?
다양한 사람들이 같이 모여 옛이야기를 듣는 것은 전해오는 옛이야기를 좀 더 행복과 소망이 보이는 오늘과 내일의 동화로 만들기 위함이었다. 이야기 속에 진리의 역사가 보이고 미래가 보이는 동화, 그런 동화를 만들어 보자고 하였다. 어려운 과제였다.
그래서 동화가 어려우면 우선 스토리를 나의 간증my story으로 생각하자고 하였다. 그래도 그것이 어려우면 개인의 결혼이야기나 부부이야기로 시작해보자고 하였다. 문화치유

♣ 남과 북의 선녀담 읽기

150여 편이 넘는 많은 '나무꾼과 선녀' 이야기 중 문화치유시간에서는 1955년 교과서에 실린 이야기와 북의 전설 그림책을 읽기로 하였다.[2)]
교과서의 〈차례〉에서 발견된 재미있는 사실은 동화로 지칭되는 이야기들의 정체성이다.
「나뭇군(나무꾼)과 선녀」는 〈전해오는 이야기〉로 「백조왕자」는 〈아름다운 이야기〉로 분류되어 있다. 정체성을 논할 수 없는 동화를 실으며 그 시절 교과서 편집자들이 얼마나 고심을 하셨을까?

○ 전해오는 이야기	○ 아름다운 이야기
7. 삼년고개	10. 첫눈
8. 노적봉과 영산강	11. 생일놀이
9. 나뭇군과 선녀	12. 백조 왕자

▣ 1955년 교과서에 실린 「나무꾼과 선녀」

옛날에 금강산 어느 산골짜기에 나무꾼이 살고 있었습니다.
살림은 가난하였지만, 날마다 깊은 금강산 속에 들어가서 도끼로 나무

2) 1955년 3-2 국어 45-55쪽에 실린 「나무꾼과 선녀」이야기는 글과 삽화를 요약이 아닌 그대로를 옮기려 한다. 단 자판을 두드리는 동안 자연히 수정되는 표기는 할 수 없이 현재의 표기법으로 놓아둔다. (예: 나뭇군 → 나무꾼; 있었읍니다→ 있었습니다). 그러나 〈그리고,〉 〈그래서,〉등의 접속사 뒤에 붙인 문장 부호는 원본 그대로 살려 놓았다. 문장 부호 쉼표 속에서 쉬엄쉬엄 이야기를 이었던 55년 대 사람들의 호흡과 숨결을 느낄 수가 있는 듯 싶다.

를 베어다가, 마을에 갖다 파는 것을 즐겁게 생각하였습니다.

금강산은 참 아름답습니다.
그래서, 나무꾼은 나무를 베다가 몸이 피곤하면, 맑은 물과 흰 구름이 감도는 봉우리를 바라보고 다시 힘을 내어 나무를 베는 것이었습니다.

어느 날, 나무꾼은 바위에 걸터앉아서 피곤한 몸을 쉬고 있었습니다.
그 때 별안간 어디서 사슴 한 마리가 헐레벌떡 뛰어와서,

"여보시오 나를 좀 살려 주십시오.
지금 저 쪽에서 사냥꾼이 나를 잡으러 쫓아오고 있습니다. 제발 나를 좀 살려 주십시오."
하며, 애걸을 하였습니다.

나무꾼은 곧 사슴을 나뭇짐 속에 감추어 주었습니다.
그러자, 활을 든 사냥꾼이 곧 쫓아와서 물었습니다.

"여보시오, 여기 사슴이 한 마리 뛰어왔을 텐데 어디로 갔소?"
"예, 지금 바로 저 산골짜기로 뛰어갔습니다."

나무꾼이 이렇게 말하며, 나무숲이 우거진 골짜기를 가리키자, 사냥꾼은 더 묻지도 않고 그 쪽으로 달려가 버렸습니다.
나뭇짐 속에 숨어서 간신히 살아난 사슴은, 나무꾼을 보고 수없이 절을 하며, 고맙다고 감사를 하였습니다. 그리고,

"오늘 밤 보름달이 떠오르거든, 이 위에 있는 연못으로 가 보십시오,

선녀들이 목욕을 하고 있을 터이니, 벗어 놓은 날개옷을 하나 감춰 두시면, 선녀 하나가 하늘로 올라가지 못하고 당신과 함께 살게 될 것입니다. 아기를 셋 낳을 때까지는 날개옷을 주어서는 아니 됩니다."
라고 일러주고는 어디로인지 사라져 버렸습니다.

그날 밤, 보름달이 둥실 떠오르자, 달빛도 아름다운 금강산 골짜기 연못에는, 예쁜 선녀들이 하늘나라에서 내려와서 목욕을 하고 있었습니다.
나무꾼은 사슴이 시킨 대로 날개옷을 하나 몰래 감춰놓았습니다.
그런 줄도 모르고 선녀들은 밤늦도록 노래를 하며 목욕을 하다가 날개옷을 입고 하나씩, 둘씩 하늘나라로 올라가기 시작하였습니다.

"내 날개옷이 어디로 갔을까?"

선녀 하나가 별안간 어쩔 줄을 모르고 쩔쩔매기 시작하였습니다.
날개옷이 없어서 하늘나라로 가지 못하게 된 것이었습니다.

나무꾼은 슬퍼하는 선녀와 함께 집으로 돌아왔습니다.
선녀도 처음에는 매우 슬퍼하였지만, 얼마 아니 가서, 아름다운 금강산 속에서 살게 된 것을 다행으로 생각하게 되었습니다.
그러나 가끔 슬픈 낯으로,

"내 날개옷이 어디로 갔을까? 날개옷을 한 번 입어 보았으면......"
하고, 한숨을 쉬었습니다.

나무꾼은 한숨을 쉬며 안타까워하는 선녀를 보고, 날개옷을 내다 주고 싶었지만, 사슴이 당부하던 생각이 나서, 꾹 참아 버렸습니다.

그러는 동안에, 어느 덧 달이 가고 해가 바뀌어서 선녀는 예쁜 아기를 둘

낳았습니다. 나무꾼은 행복하게 살게 된 것입니다.
그래서 나무꾼은 언제나 사슴을 생각하고 고맙게 여겼습니다.

보름달이 환하게 비추는 어느 날 밤, 나무꾼은 선녀와 아기를 데리고 달 구경을 하고 있다가, 선녀에게 사슴 이야기를 하였습니다. 그리고, 날개옷을 보여 주며, 이것을 감춰 두었기 때문에 이런 행복한 살림을 하게 되었다고 말하였습니다.

"아아, 내 날개옷!"

선녀는 날개옷을 몸에 두르자, 별안간 아기 둘을 품에 안고 훨훨 하늘나라로 오르기 시작하였습니다. 어디선지 고운 음악 소리가 들려왔습니다.
보름달 밝은 빛을 받으며, 하늘로 올라가는 선녀!
그러나, 나무꾼은 그 뒤를 따라 올라갈 수도 없고 발을 동동 구르면서, 안타까워하였습니다.

아기와 선녀를 잃은 나무꾼은 나무를 벨 생각도 못하고, 한숨으로 날을 보냈습니다. 그리고, 생각하다 못 해서 나무꾼은 사슴을 만나던 산골짜기로 다시 찾아갔습니다.
나무꾼의 슬픈 마음을 알았는지, 사슴이 나타나서 말했습니다.

"날개옷을 주지 말라고 당부한 것을 잊으셨습니다 그려." 그러며,

"마지막으로 내가 시키는 대로 하여 보시오.
하늘나라에서는 그 선녀가 날개옷을 잃어버린 다음부터는, 큰 두레박을 연못에 내려 보내서 물을 길어 올리게 되었습니다.
이다음 보름달이 떠오르거든, 연못에 가서 기다리고 있다가 큰 두레박이 내려왔을 때, 그 속에 들어가서 하늘나라로 올라가십시오."

나무꾼은 보름날이 오기를 기다려 연못으로 갔습니다. 밝은 달밤의 연못은 더 한층 맑고 고요하였습니다.

나무꾼은 금방이라도 선녀들이 목욕을 하러 내려오는 것처럼 느꼈습니다. 그러자, 구름 속에서 큰 두레박이 스르르 내려왔습니다. 나무꾼이 얼른 그 두레박에 올라탄 것은 물론입니다. 두레박은 다시 하늘 높이 올라가기 시작하였습니다.

나무꾼은 달빛에 비춘 금강산의 아름다운 모양을 내려다보았습니다.
정말 묘하게 생긴 산입니다. 맑고 깨끗한 산입니다.
나무꾼은 금강산을 떠나는 것이 퍽 섭섭하였습니다. 그러나, 귀여운 아기와 선녀가 있는 하늘나라로 올라가야 하였습니다.

하늘나라로 올라간 나무꾼은 선녀와 다시 만났을 것입니다. 귀여운 아기도 만났을 것입니다.
일 년 동안 언제나 꽃피고 새가 지저귀는 하늘나라에서 행복하게 살았을 것입니다. 그러나, 아름다운 금강산만은 잊지 못하였을 것입니다.

▣ 북의 전설 그림책『금강선녀』

금강산에서 산『금강선녀』는 동화가 아니라 〈전설그램책〉이라고 하였다. 무단복제를 금하는 저작권 표시가 없으나 그대로 옮길 수 없어 글은 요약으로 삽화는 요약에 맞게 선택하여 보기로 한다. [3]

3) 여러 〈선녀담〉 내용을 비교할 때 사용하기 위해 본 편집자 나름으로 단락으로 나누며 제목을 부쳐 정리하였다.

선녀와 나무꾼의 만남과 결혼

옛날도 오랜 옛날, 금강산 깊은 골짜기에 한 나무꾼 총각이 늙으신 어머니를 모시고 살고 있었다.
이 고장사람들은 그를 〈금강총각〉이라고 불렀다.

어느 날 금강총각이 나뭇짐을 지고 산을 내려오다 바위에 앉아 땀을 흘리며 금강산 옥으로 다듬어 만든 옥피리를 불고 있던 중 사냥꾼에게 쫓기던 사슴 한 마리를 나뭇단 속에 숨겨주어 사슴은 죽음의 위험한 고비를 넘기게 된다.

그 날 저녁 무렵 사슴의 할아버지인 금강산의 산신령이 나무꾼 집에 찾아와 소원을 묻는다. 나무꾼은 금강산을 더 좋은 낙원으로 가꾸는 것이라고 대답하나 산신령은 보름날에 구룡연을 지나 팔담이 보이는 사슴바위 곁에 가면 행운이 기다릴 것이라고 말한 후 사라진다.

금강총각이 보름에 팔담에 이르니 여덟 가락의 무지개가 하늘로부터 다리를 놓았고 여덟 선녀들이 하늘옷자락을 훨훨 저으며 팔담에 내려와 목욕을 하고 꽃으로 머리단장도 하고 넓은 바위위에서 춤도 추다가 한 낮이 지나자 하늘로 올라갔다.

그러나 막내선녀 은월이만은 날개옷을 잃고 올라가지 못하여 애타게 울고 있었다.

나무꾼은 날개옷이 없어 하늘로 못 간 선녀와 같이 옷을 찾았으나 찾지 못하고 밤이 깊어 선녀를 데리고 와 어머니에게 부탁하며 다음 보름을 기다린다.

선녀는 날이 갈수록 금강산의 아름다움과 이웃에 마음이 끌리고 금강총각과의 정이 두터워져 둘은 결혼을 하고 금이와 강이 남매가 태어난다.

행복하게 살던 어느 날 사슴이 나타나 날개옷을 옥돌봉 벼랑중턱에 숨긴 사실을 알리며 아기를 더 낳기 전에는 선녀에게 알리지 말라고 신신당부한다.

그러나 약속된 금기를 어기고 나무꾼은 선녀에게 날개옷을 준다.

하늘로 올라간 선녀

선녀는 금강아버지가 한 번 입어보라는 청에 날개옷을 그냥 입어보았는데 엄마가 예쁘다며 매달리는 어린 두 아이와 함께 둥둥 하늘나라로 떠오른다. 서로 애타게 부르다 하늘에 올라간 선녀는 인간의 유혹을 받은 벌로 옥에 갇힌다.

하늘로 간 선녀와 아이들을 부르며 슬퍼하는 나무꾼에게 사슴이 나타나 하늘에서 내려오는 천궁 두레박을 타고 올라가면 가족을 만날 수 있으니 하늘로 올라가 가족과 같이 사는 것이 어떤가고 가르친다.

나무꾼은 아름다운 금강산의 인간세상을 버릴 수 없다며 가족을 데려오겠다고 한다.

하늘로 올라간 나무꾼

나무꾼은 사슴이 알려준 대로 하늘나라에 가뭄이 들어 상팔담 옆 샘물을 퍼 올려가는 천궁 두레박을 타고 올라가나 천궁 문에서 천병들에게 잡혀 옥에 갇힌다.

아들 금이 노래를 부르고 강이 피리를 부는 소리에 금이야 강이야 부르던 나무꾼과 선녀는 서로 옥에 갇힌 사실을 알게 된다. 선녀의 언니들이 선녀를 찾아와 도움을 약속한다.

옥황님은 둘이 하늘에 살겠다면 용서하고 부귀영화를 누리게 될 것이라고 하나 선녀는 나무꾼과 같이 금강산에 내려가 살고 싶다고 하여 다시 옥황을 대노시킨다.

금강산으로 내려온 선녀와 나무꾼 가족

이 소식을 들은 선녀의 일곱 자매들은 옥졸에게 술을 먹여 천옥문을 열고 금강식구에게 하늘 날개옷을 입혀주어 금강산으로 내려와 오래오래 행복하게 산다.

만물대 위의 별이 된 금강가족

금강산에서 오래오래 살던 선녀가족은 죽어 별이 된다.
이후 만물대 천선대 위에 부부별과 아기별이 반짝이게 된다.

▣ 전설에서 동화로

『금강선녀』가 전설 그림책이라는 장르로 내놓았다는 점이 흥미롭다. 교과서의 분류 또한 눈길을 끈다.

〈나무꾼과 선녀담〉이나 〈백조왕자담〉이나 다 전해오는 이야기 또는 전설에 속하는데 우리나라 이야기는 〈전해오는 이야기〉로 다른 나라 이야기인 「백조왕자」는 아름다운 이야기로 분류되어있다. 동화라는 이 단순한 용어가 얼마나 복잡한가를 보여주는 좋은 예이다.
동화가 전설과 무엇이 다른가?에 대해 짧게 생각해보기로 한다.

전설의 특징은 실존하거나 실존했던 증거물이 산천에 남아있는 이야기다. 또 대부분 전설은 대개 비극으로 끝난다. 그런데 「나무꾼과 선녀」나 『금강선녀』는 전부 〈영원히 행복하게 살았다〉로 끝을 맺는 동화의 구조를 빌렸다.

전해오는 이야기 전설 와 동화는 모두 이야기이다.
다만 동화는 설화 전설, 민담, 신화 를 어린이도 들을 수 있게 어른들 만이 쓸 만한 민망한 용어를 피하였고 교훈이 첨가되었으며 부모의 이야기를 길게 하지 않는다.
두 주인공이 결혼하면 그 것으로 끝이다. 즉 결혼 후의 생활에는 거의 관심을 기울이지 않는다. 17세기 뻬로의 동화를 기본으로 나온 동화의 원래 원리는 그랬었다. 말씀처럼 미래와 희망을 주기 위함이었다.

예레미야 29:11

11 여호와의 말씀이니라 너희를 향한 나의 생각을 내가 아나니 평안이요 재앙이 아니니라 너희에게 미래와 희망을 주는 것이니라

우리의 설화전설, 민담, 신화 듣기는 '전설의 고향'을 '하늘 고향'으로 하자는 데서 시작되었다.
허공에 떠도는 혼 대신에 영원한 하늘 왕국에서 행복을 누리는 희망의 버전으로 변화시키자는 데서 시작되었다.

문제는 나무꾼과 선녀에서 보았듯이 우리나라의 옛이야기는 결혼 후의 생활이 거의 전체를 이룬다.
우리나라에서는 결혼하면 성인인데 우리의 옛이야기는 결혼하여 상투를 트는 것으로 이야기가 끝나지 않는다.

유럽의 동화 속 전통은 15세까지가 어린이다.
이 정의에 의하면 10세 전후에 결혼한 옛 어른이자 어린이들의 우리 이야기는 동화라 부를 수 없을 것이다. 그런데 우리는 어째서 그 모든 결혼하고 난 후의 삶의 이야기를 동화로 볼 수 있는가? 우리 이야기 속으로 들어가면 불교 유교의 시대를 거친 우리의 이야기 속에 남아있는 어린이에 대한 정의는 유럽보다 더 기독교적인 정의를 보여주고 있다.

승천의 모습도 육과 분리되어 떠도는 영의 모습이 아니라 성경적이다.
분리되지 않고 하늘로 올라가는 선녀들 모습은 유럽의 요정담 속에서도 보기 힘든 기독교적 요소이다. 그래서 생각해본다.
우리의 조상은 아주 옛날에 하늘 아버지의 소리를 들은 민족인가?
그들은 그 기억을 옛이야기로 들려주고 보여주는 것인가?
그렇다면 진리의 관점에서의 어린이란 누구인가?

성경에서의 어린이와 청년과 어른은 육적 연령에 따른 구분 외에 영적 젊음의 크기로도 구분한다. 요한1서 2장 12절에서 14절을 보면 신도들을 세 그룹으로 나누어 부른다.

1) 자녀들아..... 2) 아비들아..... 3) 청년들아......

14절에서 다시 한번 자녀들을 아이들로 바꾸며 강조한다.

1) 아이들아...... 2) 아비들아...... 3) 청년들아......

12 자녀들아 내가 너희에게 쓰는 것은 너희 죄가 그의
이름으로 말미암아 사함을 받았음이요
13 아비들아 내가 너희에게 쓰는 것은 너희가 태초부
터 계신 이를 알았음이요 청년들아 내가 너희에게 쓰
는 것은 너희가 악한 자를 이기었음이라
14 아이들아 내가 너희에게 쓴 것은 너희가 아버지
를 알았음이요 아비들아 내가 너희에게 쓴 것은 너희
가 태초부터 계신 이를 알았음이요 청년들아 내가 너
희에게 쓴 것은 너희가 강하고 하나님의 말씀이 너희
안에 거하시며 너희가 흉악한 자를 이기었음이라

야고보서 2:19
네가 하나님은 한 분이신 줄 을 믿느냐 잘하는도다 귀신들도 믿고 떠느니라

이 분류에 의하면
〈아이〉란 아버지를 아는 단계
〈아비〉란 태초부터 계신 이를 아는 단계
〈청년들〉이란 강하고 하나님의 말씀이 그들 안에 거하며 흉악한 자를 이긴 인물이다.

하나님이 한 분이신 줄은 귀신도 믿는 단계이다.
아버지가 되었어도 말씀이 그 안에 거하지 못하고 악을 이기지 못하면 그는 아직 청년이 안 된 아이이다.
아이는 창조주를 아는 아버지의 단계를 지나야 청년이 되는 것이다.

동화란 아이에서 아비의 단계를 거쳐 청년으로 성장하는 성장 이야기이다. 즉 동화란 아이에서 청년으로 성장하는 성장 이야기이다.
우리 말의 '어린이' '어른' '어르신'은 다 얼, 즉 정신, 영혼과 관련되어 있다. 몸의 성장이 아니라 정신과 영혼의 성장과 관련되어 있다.
얼이 어린 어린이, 얼이 큰 어른, 얼이 신의 경지에 다다른 어르신.

결혼을 하여도, 자녀를 둔 아비가 되어도 아직 청년이 되지 못하면 결함이 많은 동화 속 얼이 어린 주인공이다.
우리나라 옛이야기의 주인공들이 일찍 결혼한 상태로 등장하여도 그들은 아직 청년이 안 된 어린이인 것이다. 우리 동화 속 등장인물들은 그러므로 육적으로는 결혼을 하였지만 영적으로는 아직 성장하지 못한 어린이가 시련과 갈등을 겪은 후에 하늘이 바라는 본래의 부부 모습, 어르신으로 변화해가는 새로운 결혼 생활의 이야기가 될 것이다.
결혼과 더불어 끝나는 서구와 다른 결혼 이야기이다.

우리가 살펴 본 〈나무꾼과 선녀〉는 초등학교 첫 교과서에서도 북의 이야기에서도 모두 '전해 오는 이야기'로 되어 있다.
이야기 속의 남 주인공은 땅에서 홀어머니와 사는 나무꾼, 여주인공은 하늘을 나를 수 있는 초월적 도구 날개 옷을 지닌 하늘 선녀다,

이야기 중에서 이리 초월적 존재선녀, 요정, 마녀나 기타 신묘한 행위를 하는 동, 식물가 나오는 이야기를 요정담Fairy Tales이라 한다. 요정담은 경이담, 마법담으로 불리기도 한다.
전통적 의미의 고전 동화는 이 요정담에 어린이가 보고 듣기에 민망한 것을 삭제하고 교훈을 첨가하여 어린이도 읽을 수 있게 다시 씌여진 빼로 동화가 시작이다.

전설에서 동화로의 변화는 그러므로 다음 세 요소가 기본이다.
이야기 초반부에는 1) 모자라고 약하고 때로는 허황된 욕망을 지닌 주인공의 어린 상태 2) 집을 나선 주인공이 초월적 도구를 선물로 받으나 자신의 힘이라고 믿거나 그 힘을 온전히 의지하지 못하며 시련을 겪는 과정 3) 마법의 도구는 자신이 잘 나서가 아니라 하늘로부터 값없이 받은 은혜의 선물임을 알아가며 시련을 이겨가는 과정 4) 시련을 극복하고 난제를 풀고 바라던 소망(대개는 결혼)을 이루어 영원한 복을 누리는 결론.

요정담은 흔히 허황된 이야기라 하나. 역사History만으로는 밝혀질 수 없는 진리가 있기에 옛이야기Ancient History는 진리의 역사이다. 진리의 역사歷史는 올라가도 올라가도 옛날인 영원에서 영원으로 이어지는 하나님의 역사役事이다. 땅의 사람이 하늘을 만난 '영적세계사'이다. 우연히 이루어진 것이 없는 새 삶과 새 생명의 역사이며 섭리다. 그러므로 전통역사에서 다루기 힘든 초월적 존재와 시간은 요정의 경이로운 마법이야기에서만 다루어진다고 볼 수 있다.
이런 면에서 전래동화는 역사가 밝힐 수 없는 섭리와 의미를 보여주는 곳이다. 이성과 과학만으로는 부족한 진리의 관점에서 읽고 미래의 희망을 보아야 하는 분야이다.

'나무꾼과 선녀'에서도 우리는 불교와 유교시대에 가려져 밝혀지지 않은 하늘에서 내려온 사람들의 신적 능력과 권위를 보게 된다. 하늘의 선녀를 볼 수 있고 하늘나라의 선녀 가족을 보게 된다.

우리에게 잘 보이지 않으나 면면히 흐르는 정신이나 영의 역사인 옛이야기 속의 역사는 하늘나라가 땅에서 이루어지는 과정을 이처럼 티끌로, 먼지보다 작은 점으로 보여주고 있다. 티끌이 모여 태산을 이루고 우주를 이루고 또 나를 이룬다.
부부로의 짧은 만남이, 짧은 점의 순간이 영원으로 이어지는 이음줄을 찾게 하는 것은 동화의 몫이다.

나무꾼과 선녀의 결혼은 영원으로 이어지는 하늘의 선물이다.
하늘의 규칙을 따르고 선녀가 알려준 길만이 영원한 행복의 길임을 깨닫는 다면 나무꾼은 온갖 조롱을 받으며 죽음을 두려워 함 없이 가족과 나란이 더불어 걷는 하늘을 향한 길을 택해야 할 것이다.

잠시 시련이 있을 지라도, 헤어짐이 있을 지라도, 모두가 제사장인 원래의 거룩한 모습으로 부부가 새로 태어나고 가족이 다 같이 하늘을 향해 날아갈 수 있어야 한다.
이런 부부와 가정이 있는 나라의 통일이 참 통일이라 할 수 있다.

옛이야기는 그 이야기 자체가 누구나 읽을 수 있는 시詩중의 시, 동화가 되어야 한다. 그 곳에는 참으로 귀한 하늘로부터 전해오는 말씀이 있고 아름다운 보금자리가 있고 성결하고 선한 열매가 있는 곳이다. 한 소년과 한 소녀가 청년이 되어 새 생명의 가족을 이루는 이야기가 있는 곳이다. 헤어진 가족이 만나기 위해서는 어떤 고난도 견딜 수 있어야 하는 진리의 힘이 있어야 하는 곳이다. 진리 그 자체가 가장 아름답고 재미있는 이야기가 되는 동화, 통일의 길을 보여주는 진리의 씨앗으로서의 '나무꾼과 선녀'는 지금의 우리에게 복음통일의 동화로 선택받을 만한 가치가 있는 옛이야기이다. 문화치유

제2장
선녀담 고찰

정 일 형
동화고등학교 교사

♣〈나무꾼과 선녀〉에 나타난 갈등치료와 배경지식

〈선녀담〉은 전국분포, 아니 전세계 분포담이다.
전승범위가 넓어 호주를 제외한 전 세계에 분포되어 있다. 우리나라의 나무꾼과 선녀 이야기는 〈선녀담〉이라기보다는 오히려 나무꾼이 더 주인공인 〈나무꾼담〉같은 특성을 가지고 있다.

10월 문화치유 시간에는 정일형 선생님이 '민담 〈나무꾼과 선녀〉에 나타난 갈등은 어떻게 치유할 수 있는가?'와 민담을 이해하기 위한 배경지식으로 시 감상과 여러 설화를 들려주셨는데 이 두 문제에 대한 광범위한 고찰은 편집부에서 요약정리하였고 결론으로 선택하여 주신 '나무꾼과 선녀에서 부부를 생각하다' 라는 글은 선생님 글을 직접 그대로 올렸다.

민담은 구비문학입니다.
민담이 아주 먼 옛날부터 누군가에 의해 전승되어 지금까지 우리에게 전하는 것은 민담을 구성하고 있는 화소 때문입니다. 화소에 대한 이해는

〈 소 망 〉

나무꾼과 선녀. 남과 북이 다시 하나가 되어 사랑을 나눌 수 있는 소망을 촛불로 나타내었습니다.
하얀 촛대는 사랑으로 오르는 계단을 상징합니다.

최래옥 박사가 정의한 것이 설득력이 있습니다. 최래옥 박사에 의하면 화소는 이야기를 만들고 있는 육하원칙에 해당하는 단어 또는 구절입니다. 민담을 구성지게 잘 풀어서 들려주는 사람은 청자를 고려하여 화소는 건드리지 않고 이야기를 풍부하게 변형하여 창조하는 사람입니다. 한 편의 민담이 전하는 사람에 따라서 수 백편의 이야기가 만들어져도 어느 누구도 뭐라고 하는 사람이 없는 것은 이러한 까닭입니다.

이런 면에서 민담은 한 편의 시와 같습니다. 시는 함축미가 있습니다. 작자는 시 한편을 쓰기 위해 긴 이야기를 구성해야 합니다. 그리고 긴 이야기를 함축할 수 있는 시어를 찾아야 하고 적절한 시어가 없으면 만들어내기도 합니다.

함축어에는 대개 이미지가 숨겨져 있습니다.
작가가 한 편의 시를 만들어내기 위해 구성한 긴 이야기가 이미지로 함축된 시어로 되어 있어서 독자에게 선뜻 다가가기가 쉽지 않습니다. 이를 보완하기 위해 시는 운율이라는 장치를 만들었습니다. 그래서 독자는 시를 처음 대할 때 시어와 시어를 이어주는 운율 즉 리듬을 통해 만납니다.

이미지와 이미지를 리듬으로 이어주어서 시를 읽으면서 작가의 의도나 담긴 이야기를 읽기 전에 운율 곧 리듬으로 인해 마음과 몸이 가볍게 때로는 격정적으로 움직이는 희열을 느끼게 됩니다. 그래서 시를 읽는 사람은 즐겁습니다. 이 과정이 지나면 독자는 시에 담긴 작가의 이야기를 추론하여 그 의도를 파악하고 이것을 자신의 지나온 삶에 연결하여 한 편의 이야기로 재구성해야 합니다.
이러한 과정을 거치기 위해서 독자는 시를 읽고 또 읽으며 곱씹으면서 그리고 여기에 자신의 삶이나 철학 또는 이야기를 만들어 내면서 창조하는 독자로 작가 앞에 당당하게 서게 됩니다.

제가 좋아하는 시인이 있습니다. 윤동주입니다.
그는 젊은 나이였지만 깊은 철학과 사상의 소유자였습니다. 유구한 역사를 가진 우리나라를 지키지 못한 국민의 한 사람으로 스스로 죄인임을 자처한 지성인이었습니다. 그리고 자신의 생각을 한 편의 짧은 시로 표현하여 독자에게 자신의 삶을 돌아보게 하였습니다.

십자가
– 윤동주

쫓아오던 햇빛인데
지금 교회당 꼭대기
십자가에 걸리었습니다.

첨탑이 저렇게도 높은데
어떻게 올라갈 수 있을까요

종소리도 들려오지 않는데
휘파람이나 불며 서성거리다가,

괴로웠던 사나이,
행복한 예수 그리스도에게처럼
십자가가 허락된다면

모가지를 드리우고
꽃처럼 피어나는 피를
어두워가는 하늘 밑에
조용히 흘리겠습니다.

이 시를 읽으면서 한 편의 이야기를 마음판에 만들어 보았습니다.

고즈넉한 마을 한 가운데에 교회 예배당이 있습니다. 그리고 십자가가 달려있는 첨탑에는 해가 걸쳐 있는 것처럼 공교롭게도 십자가 바로 위에 있습니다. 그리고 한 남자가 그 광경을 눈을 찡그리며 쳐다보고 있습니다. 눈이 부셔서 아플 법 한데도 계속 쳐다보고 있습니다.

그는 당장에 뾰쪽한 탑을 올라가서 눈부신 태양, 눈에 넣어도 아프지 않을 태양, 육신의 눈이 먼다고 해도 갖고 싶은 조국 광복을 갖고 싶어 합니다. 그러나 올라갈 수가 없습니다. 그 위로 올라간 것은 십자가만 있습니다.

〈 윤동주 시인 〉

십자가 아래 흘린 피, 그의 고결한 죽음이 장미꽃처럼 피어나고 부활하여
그의 무덤 위에 대한민국의 독립이 세워지고 있습니다.

그는 십자가에 못 박혀 죽으심으로 인류를 구원하신 고귀한 희생을 떠올립니다. 그리고는 예수 그리스도를 따르는 길이 인류 구원의 길임을 발견하고 얼마나 기뻤을까요? 그 길이 얼마나 험하고 고달프며 목숨을 내어주어야 하는 길임에도 그는 분명 기뻤을 것입니다.

독자는 작가와 전혀 다른 시대와 상황에 있습니다.

그러나 작가의 마음을 공감하는 것은 작가는 자신이 하고 싶은 이야기를 이미지로 보여주고 듣는 사람에게 자신의 이야기를 채워 넣어 일대일로 만나기를 원하기 때문입니다.

모든 이야기에는 갈등이 존재합니다. 또한 모든 사람의 삶에도 갈등이 존재합니다. 그래서 모든 작품에는 반드시 독자가 있습니다.

작가는 독자에게 갈등을 풀 수 있는 기회와 열쇠(=방법)를 제공해 줍니다. 독자는 이것만 가지고도 큰 희열을 느끼며 때로는 이것으로 인해 실제로 자신의 삶에서 막혀있던 바윗돌만한 걸림돌을 제거하기도 합니다.

한 편의 시와 닮은 동화!
그래서 나는 동화를 좋아합니다.[4]

4) 발표자 정일형 선생님은 신라 원성왕 때의 해 두개 사건, 건국신화, 도솔가, 처용가 이야기를 통해 문학은 상징과 비유로 풀어야 한다고 설명하였습니다. 또한 교훈적 요소와 오락적 요소가 잘 화합을 이루어야 함을 강조하였습니다. 지면상 이곳에서는 생략하였습니다.

♣'나무꾼과 선녀'에서 부부(夫婦)를 생각하다.

▣ 들어가는 말

민담은 아주 먼 옛날부터 누군가에 의해 지금까지 우리에게 전해지는 이야기입니다. 그토록 오랫 동안 전해진다는 것은 이야기의 내용이 시공간을 초월하여 공감대를 형성하고 있다는 것을 의미합니다. 그래서 민담의 제재나 내용을 살펴보면 시공간을 초월한 인류의 보편적인 관심과 정서가 무엇인지를 쉽게 찾을 수 있습니다. 우리가 앞으로 살펴 볼 '나무꾼과 선녀' 역시 호주를 제외한 전 세계에서 이야기가 전해지고 있는 민담입니다.

우리나라 1, 2차 초등학교 교육과정1955~1972중 당시 3학년 교과서에서 '나무꾼과 선녀'가 실렸습니다. 저는 당시 어른들이 자라나는 아이들에게 들려주고 싶은 이야기로 '나무꾼과 선녀'를 택한 교육적인 의도가 무엇인지 궁금해졌습니다.

'나무꾼과 선녀'는 전혀 다른 세계의 두 남녀가 만나 갈등을 야기할 문제를 갖고 출발합니다. 이로 인해 결혼 후에는 갈등이 수면위로 드러나면서 가정에 위기가 오고 갈등을 야기한 남편의 적극적인 갈등 수습의 행위로 행복한 가정으로 회복된다는 이야기입니다.

▣ '나무꾼과 선녀'의 공통화소와 변이 유형

우리나라에서 '나무꾼과 선녀'이야기는 150여 편이 채록되었습니다. 이야기가 구전되어지다보니 내용이 첨삭되어서 내용이 150여 편 모두 조금의 차이를 보입니다. 이런 까닭에 150여 편을 읽노라면 반복 읽는다는 것을 못 느낄 정도로 구술한 자의 독특한 개성이 묻어나 있어 읽는 즐거움을 느낄 것입니다.
150여 편에 나타난 공통된 화소는 다음과 같습니다.

· 선녀가 하강하여 날개옷을 벗고 목욕을 한다.
· 나무꾼이 선녀의 날개옷을 훔친다.
· 승천하지 못한 선녀는 나무꾼과 결혼하여 자녀를 낳고 산다.
· 선녀는 날개옷을 찾아서 하늘로 올라간다.

150여 편을 만들어낸 덧붙임은 대개 결말 부분에 의해 이루어집니다.
결말구조에 덧붙여지는 유형은 대개 다음 여섯 가지로 분류됩니다.

· 선녀 승천형(기본형)
· 나무꾼 승천 시도(실패)형
· 나무꾼 승천 성공형
· 나무꾼 천상 시련 극복형
· 나무꾼 승천 후 지상 회귀형
· 나무꾼과 선녀 동반 하강형

▣ 인물갈등 구조로 살펴본 '선녀와 나무꾼'

'선녀와 나무꾼'을 인물간의 갈등 구조로 살펴본 연구물 중 『나무꾼과 선녀'에 나타난 인물갈등 연구』서은아, 서울여대 박사학위논문, 2004가 돋보입니다. 저는 이 논문에 나온 갈등양상과 해소 과정을 요약정리한 후에 '나무꾼과 선녀'가 갖고 있는 동화의 가치에 대해 이야기 하겠습니다.

◈ 갈등 양상

첫 단추가 잘 못 끼워진 부부간의 갈등

다양한 이본異本 중에는 선녀가 나무꾼이 옷을 감춘 것을 모른 채 어려운 상황에서 자신에게 도움을 준 나무꾼을 고마워하며 살다가 나무꾼의 고백으로 사실을 알게 되는 경우도 있습니다. 나무꾼은 결혼의 절차를 무시했기 때문에 애초에 부부 갈등의 문제는 이미 예견된 것입니다.

선녀는 배신감으로 인해 치밀한 계획을 세워서 자신의 옷을 찾습니다. 그리고는 남편을 지상에 남겨둔 채 아이들만을 데리고 아무 미련없이 떠나게 됩니다.

신분과 가치관에 의한 사고방식의 갈등

선녀는 옥황상제의 딸로 신의 신분과 하늘의 가치관 속에서 자란 공주입니다. 그런데 나무꾼은 지상에서 보잘 것 없는 평민으로 홀어머니를 모시고 나무를 하며 살아가는 노총각입니다. 이렇게 둘이 자라온 가정 배경에는 현격한 차이가 있습니다. 더군다나 시어머니를 모시고 살아가야 하는 하늘의 선녀이자 공주인 입장에서는 힘겨운 일이 한 두 가지가 아니었을 것 입니다. 물론 이러한 며느리를 둔 시어머니 역시 몹시 힘들었을 것입니다.

선녀는 자신의 옷을 찾기 위해 치밀한 계획을 갖고 실행하는, 목표의식이 뚜렷한 실리적인 가치관의 소유자인 반면에 나무꾼은 가부장적인 태도에 나태한 생활태도로 책임의식이 결여된 존재입니다.
결혼은 인생 제2막의 시작이라면 자신의 가치관이나 사고방식을 내려놓고 부부로서의 새로운 삶의 기준을 세워야 합니다. 그러나 이 이야기에서는 이러한 모습이 나타나지 않습니다.

나무꾼과 처가(妻家)와의 인물 갈등

나무꾼은 선녀가 날개옷을 찾아서 아이들과 함께 하늘로 올라간 후에 견딜 수 없는 그리움으로 어머니의 곁을 떠나서 하늘에 있는 아내를 찾아가게 됩니다. 선녀는 하늘나라까지 찾아온 나무꾼의 정성에 감동하여 남편을 받아주지만 정작 처가 식구들은 마뜩잖게 생각합니다. 그래서 옥황상제인 장인은 사위로서의 자격을 요구하고 처제와 처남은 여러 가지 시험으로 나무꾼이 천상에 살기 위한 자격을 요구합니다. 나무꾼은 큰 시험이 있을 때마다 선녀는 나무꾼을 도와서 여러 시험을 헤쳐 나갈 수 있었지만 맨 마지막의 시험은 나무꾼이 지상에서 평소 베푼 은덕의 힘으로 스스로 해결하여 부부의 재결합을 성취하게 됩니다.

선녀와 시가(媤家)와의 인물 갈등

하늘에서 선녀와 자녀들과 함께 잘 살던 나무꾼은 지상에 있는 홀어머니에 대한 그리움으로 어머니 댁에 잠시 방문하게 됩니다. 이때 선녀는 남편이 시댁에 가는 것은 반대하지 않으면서도 시어머니와의 오래된 만남은 허락하지 않습니다. 그래서 남편이 시댁에 가서도 절대로 말에서 내리지 말라고 당부합니다. 나무꾼 역시 이 점을 명심하고 명심했지만 결국은 어머니가 쑤어주신 호박죽 때문에 말에서 떨어져 하늘나라로 복귀하지 못하게 됩니다.

▣ '나무꾼과 선녀'에서 결혼의 의미를 읽다

'나무꾼과 선녀'는 보는 관점에 따라 여러 가지로 해석할 수 있습니다. 그 중 저는 결혼에 주목해 보았습니다. 대개 결혼한 여성들의 입에서 '남자는 도둑놈!'이라는 말은 그리 낯설지 않습니다. 이 이야기와 견주어 보면 누구든지 수긍되는 말입니다. 실제로 결혼하는 연령인 20대 중반의 나이는 사회 생활하는 사람의 입장에서 볼 때 모든 것이 미숙하고 서툰 시기입니다.

여성들에게 매력을 느끼게 할 만한 것은 잘생긴 허우대 이외에는 그리 없을 듯합니다. 그래서 남성은 결혼을 하기 위해 연애시절에는 이성에게 자신의 매력을 인정받을 수 있도록 평소보다 몇 갑절이나 애를 씁니다. 그래서 여성은 결혼한 후의 모습에서 '속았다'라는 말로 하소연을 하곤 합니다.

'나무꾼과 선녀'는 우리 인간의 결혼이 서로 다른 가치관을 가진 남녀가 서로에 대해 잘 모르는 가운데 만났음을 알려줍니다. 그래서 결혼 후에는 결혼에 대한 가치관이 새롭게 정립되야 한다는 교훈을 우리에게 일깨워 줍니다.

성경에는 '이러므로 남자가 부모를 떠나 아내와 연합하여 둘이 한 몸을 이룰지로다'창세기 2장 24절라며 부부는 이전의 가치관에서 벗어나 부부 공동체의 가치관을 새롭게 정립해야 한다고 알려주고 있습니다.

'나무꾼과 선녀'의 매력은 나무꾼이 선녀와 자녀들과 헤어졌지만 이를 극복하기 위한 노력에 있습니다. 그리고 그 노력은 부부의 화해, 가족의 재결합이라는 아름다운 결실로 나타납니다.

이렇게 볼 때 마지막의 이야기가 해피엔딩으로 끝나는 것은 이상하지 않습니다. 부부 공동체의 가치관은 부부가 끝까지 협력하여 지켜야 한다는 것을 보여주기 때문입니다.

얼마 전 80살이 넘어서도 이혼하는 부부가 있다는 얘기를 들었습니다.

부모를 떠나 부부로서 평생 살아가는 것이 얼마나 큰 수고와 배려가 필요한지를 일깨워 줍니다. 부부간에 서로에 대한 배려와 칭찬의 열매가 숭고하기까지 한 것은 결코 과장이 아닙니다.

'나무꾼과 선녀 이야기'에서 부부 갈등의 양상을 조목조목 나누어 회원들과 공감하는 이 시간이 너무 행복합니다.

20대의 젊은 나이, 인생의 이치에 대해 초보자인 청춘남녀가 한 가정을 이루기 위해 때로는 근사하게 포장을 하고, 때로는 포기해야 했으며, 때로는 숨겨야 했던 어설픔이 결혼 후에는 물밀 듯이 아쉬움과 후회로 밀려올 때가 있습니다.
그러나 부부로 한 평생 살아간다는 것은 용서와 이해 그리고 남을 나보다 낫게 여기며 섬김이라는 것을 깨달을 때에, 그래서 가족공동체의 가치관을 새롭게 정립할 때에 우리는 하나님 앞에서 행복을 누릴 수 있을 것입니다. 문화치유

제3장
문화치유 회원들의 이야기
('나무꾼과 선녀'에서 부부夫婦 문제를 생각하다)

김정화

나무꾼과 선녀 이야기가 이리 다양한지 몰랐습니다.
북에도 전설집이 있어 읽어 보았는데 부부가 함께 행복하게 사는 것으로 알고 '아름다운 이야기구나' 라고만 생각하였고 민담은 잘 먹고 잘 산 이야기로만 알았습니다.
헤어진 나무꾼과 선녀가 어떻게 다시 만나 같이 영원한 행복을 누리며 살 것인지, 마치 남과 북이 어떻게 통일이 될 것인지를 기다리는 것처럼 궁금해집니다.
『금강산 선녀담』에서의 선녀의 아버지가 꼭 북의 현실같이 보입니다. 다시 돌아간 딸을 감옥에 가두고 가족을 찾아 올라온 나무꾼도 가두고…….

박선화

우선 나무꾼이 좀 괘씸하다는 생각이 듭니다. (웃음).
남자가 주제를 모르고 사건과 갈등을 만들었습니다.
그러나 그 사건과 갈등을 탓하는 것이 우리의 일이 아니라 그 이유를 알고 잘 풀어가게 하는 일이 우리가 해야 할

〈 문화치유 모임 〉

각 회원들이 활짝 핀 이야기꽃을 담고 날아온다.
모임은 에메랄드 초록 길을 따라 사랑으로 이어진다.

일인 것 같습니다.

> 이방 여인 룻이 보아스를 만나 결혼하기 위해 새벽까지 보아스의 발치에서 누웠다가 사람이 서로 알아보기 어려울 때에 일어났으니... (룻 3:14)

김동인

남자는 상대적으로 단순하여 어쩌면 주제라는 주제도 모르고 그냥 살 것입니다.
여자의 역할이 중요할 것입니다.

송대량

여자와 석삼년이라는 말이 있습니다.
어머니는 남자를 강하게 가르치고 집안 지키는 것은 여자니까 가풍 따라야 좋은 것이 석 삼년 넘겨야 내 식구가 된다는 말입니다. 가정을 이룰 때부터 남자는 밖의 생활인. 여자는 돕는 뒷바라지 일이었지요.
지금 현재라고 다를까요? 병용될 것입니다. 결국 부부는 같은 가치관 속에서 서야 한다고 생각합니다. 가르침은 평균치여야 합니다. 생활의 패턴이 익혀지니까요.

송옥현

주제를 모르니까 이야기일 것이라 생각됩니다.
이야기는 이야기로 끝나고 말았으면 좋겠습니다. 그러니 나무꾼을 따라하지 맙시다.

이혜경

여자의 이러한 행동은 용납이 됩니다! 사람들은 누구나 왕자이고 공주입니다. 하나님의 자녀이기 때문에 누구든지 누에처럼 왕자와 공주로 탈바꿈할 수 있습니다. 부부

두 사람 다 왕 같은 존재입니다. 당신은 하나님의 자녀! 왕같은 존재!
여자가 땅에 내려가는 것은 거부해야 할 것 같습니다. 땅의 이미지는 현실이기도 하지만 추락이라 생각되니까요.

이혜영 ○ 하늘 사람 선녀와, 땅의 사람 나무꾼은 맺어질 수 없는 상황에서 살았지만 나무꾼은 날개 달린 선녀옷을 감추었기에 항상 불안했을 것이고 선녀는 날개 옷을 찾을 기회를 기다렸다. 이런 상황에서 선녀가 하늘의 자기 고향으로 가서 평안한 삶을 누리며 사는 것이 마땅합니다.

김경희 ○ 이런 자리 갖기 어려운데 참 좋습니다.
남의 것은 잘 보면서 내 것은 못 보는데 고정관념을 깨야 한다고 생각합니다. 지금부터 많이 생각해보아야 할 것입니다.

송옥현 ○ 나무꾼과 선녀의 헤어짐, 신데렐라 콤플렉스 때문입니다.
여자들이 백마 탄 왕자를 바라는 것, 사회적 문제입니다.
남자는 도둑입니다, 개인의 삶이 이야기 거리 삶이 되면 불행합니다. 종교차원의 긍정적 이야기가 되어야 합니다.

홍진주 ○ 예전에는 남존여비가 강해서 가정 문제 많았는데 요즘은 반대인 것 같습니다. 남자가 밥하는 방법, 가정 일 배워야 한다고 생각합니다. 그런데 교육이 안 되어 있습니다.
한국의 엄마는... 요즘 생각하면. 평강공주의 삶인 듯 합니다. 부부도 계속 시대와 상황에 따라 배우며 살아가야 합니다.

이영순

부부의 삶도 창조의 질서에서 배워야 합니다. 남자가 지배권으로 나갔고 욕심을 부렸습니다.
창조의 섭리, 하나님의 섭리, 예컨대 야곱의 경우를 보면 어찌 보면, 야곱도 야비하였으나 결과적으로는 하나님도 사람도 좋아하는 야곱으로 변화되었습니다.
우리도 계속 창조적 질서로 변화하며 살아야 한다고 생각합니다. 나무꾼도 선녀도 서로 조화롭게 살아가는 지혜를 배워야 합니다.

이춘화

저는 실제는 많은 괴로움이 있었던 삶인데 막상 지난 이야기를 쓰려니 〈현명한 나무꾼과 바보 선녀〉 같습니다.
저는 바보선녀였는데 남편은 현명한 나무꾼이었습니다.
남편 나무꾼이 현명하여 큰 갈등과 헤어짐이 없는 삶이었다는 생각이 듭니다. 큰 갈등이 없어 동화로 쓰려니 어렵습니다.

결혼 후 계속 허약했던 제가 먼저 교회 다니고 건강해지니 온 식구가 기뻐했고 모두들 하나님을 구주로 영접했습니다. 건실하고 부지런한 남편은 열심히 공부해서 70이 넘은 나이에도 직장에 다니고 여전히 자상하고 신실한 가장으로 하나님 모시고 칭찬받는 가정이 되었고 바보 같은 나 선녀는 아무 것도 한 일 없이 그냥 값없이 참 많은 복을 받고 있는 것 같습니다.

딸 둘에 사위 둘 그리고 손주가 셋이나 있습니다. 하나님이 보내주신 이 귀한 가족들이 하나님께 빛과 소금이 되기를 기도합니다. 세월의 기나긴 배를 타고 인생의 여정을 오직 하나님께 맡기며 우리 노년의 삶을 주님께 의지하고 손자들 재롱과 가정의 화목과 화평함을 하나님께 감사합니다. 현명한 나무꾼을 만나 오늘에 이른 바보선녀는 믿음의 대를 이어가는 다음 세대를 위해 진심으로 기도드릴 뿐입니다.

김성이 ○ 저는 선녀같고 공주같은 처와 결혼 전부터, 결혼 초부터, 그리고 지금도 계속 나무꾼으로 살아가고 있습니다.

부부란 나무꾼과 선녀처럼 전혀 다른 세상에서 살던 사람입니다. 이런 의미에서 나무꾼과 선녀'는 서로 다른 세계 사람들이 된 남과 북을 생각하는 좋은 자료입니다. 복음 통일의 당위성도 줍니다.

새로운 비전을 가지고 쓰기 시작하는 부부와 통일문제의 동화쓰기는 시대에 맞는 귀하고 의미있는 작업이 될 것이라 믿습니다. 계속 선녀를 돕는 나무꾼이 되겠습니다.

김정란 ○ 저는 마법담, 또는 경이담 형의 동화는 보이지 않는 영靈과 진리의 증거라고 생각합니다.

전통의 역사가 밝힐 수 없는 영과 말씀을 넌지시 전해주는 곳이 민중들의 이야기 속이라고 보며 이 진리를 동화로 들려주어야 한다고 생각합니다.

'지붕 위의 수탉이 된 나무꾼'이 변화되어야 할 때로 봅니다. 나무꾼은 한 개인이기도 하지만 우리나라를 상징할 수도 있습니다. 유구한 역사를 가진 우리나라를 지키지 못한 국민의 한 사람으로 스스로 죄인임을 자처했던 시인 윤동주처럼 분단 71년을 지내고 있는 우리 모두도, 지붕 위의 수탉도, 그 시인의 마음을 가져야 할 때입니다.
모든 것 내려놓고 하나 된 나라를 간절히 품어야 할 때입니다. 분단이 가져온 상처입은 모습에서 본래의 모습, 하나님 형상대로 지음받은 그 모습을 찾는 이야기를 하고 싶습니다.

본래는 그렇지 아니하니라
– 마태복음 19:3–8

3 바리새인들이 예수께 나아와 그를 시험하여 이르되 사람이 어떤 이유가 있으면 그 아내를 버리는 것이 옳으니이까
4 예수께서 대답하여 이르시되 사람을 지으신 이가 본래 그들을 남자와 여자로 지으시고
5 말씀하시기를 *그러므로 사람이 그 부모를 떠나서 아내에게 합하여 그 둘이 한 몸이 될지니라 하신 것을 읽지 못하였느냐
6 그런즉 이제 둘이 아니요 한 몸이니 그러므로 하나님이 짝지어 주신 것을 사람이 나누지 못할지니라 하시니
7 여짜오되 그러면 어찌하여 **모세는 이혼 증서를 주어서 버리라 명하였나이까
8 예수께서 이르시되 모세가 너희 마음의 완악함 때문에 아내 버림을 허락하였거니와 본래는 그렇지 아니하니라

최래옥 ◎ 결혼 전 나무꾼의 심정과 잘못을 이해해야 합니다.

남자의 최대의 소원은 장가가는 것. 명품 색시를 만나려면 남자는 일품이 되어야 하는데 그게 현실에서 쉽지가 않습니다. 남자가 본래부터 재벌 아들이면 A급 신부 구할 수 있으나 별 볼일 없는 남자의 꿈이란 밑바닥에서 하늘을 만나는 것입니다.

남자는 그래서 상상해봅니다. '하늘에서 내려온 선녀면 어떨까?' '우렁 각시면 어떨까?'

남가주 꽃님들의 이야기 ◎ 남가주 회원들은 이야기 장소에 참석을 할 수 없어 꽃왕국에 사는 꽃선녀들이 나무꾼을 만난 이야기를 동화화하여 보내왔습니다.

고향을 떠났고 또 고국을 떠나 살며 영원한 처소가 하늘에 있음을 알지만 그리움은 항상 파도되어 태어난 북의 고향으로, 살았던 고국으로 밀려가고 밀려옵니다.

천국역 전 통일역에서 내려 고향 땅을 밟고 싶습니다.

▣ 꽃왕국의 꽃선녀들과 나무꾼

천정순 ◎

초롱꽃의 서사: 향기로운 꽃왕국의 탄생

옛날 옛적에 한 선녀가 작은 마을에서 나무꾼과 살고 있었습니다.

선녀는 꽃향기처럼 달콤한 여섯 명의 꽃님 공주와 날 빛보다 더 훤하게 빛나는 한 명의 왕자를 낳았습니다.

사람들은 선녀가 사는 집을 향기로운 꽃궁전이라고 불렀습니다. 선녀는 꽃왕비라 불렸습니다. 꽃궁전은 이름 그대로 향기로운 꽃으로 유명한 아주 작은 왕국같은 집이였습니다. 울긋불긋 꽃대궐 같은 기와집 뒷동산에는 작은 초가 정자와 작은 연못이 있었고 채송화, 봉숭화, 과꽃, 맨드라미가 피는 시골풍의 정원도 있었습니다.

꽃왕비는 맏공주에게는 산속 이름 모를 풀꽃의 이야기를 들어주며 산에 피는 꽃들을 다스리게 하였습니다.

둘째공주에게는 달빛아래 피는 꽃들을 다스리게 하였습니다. 셋째공주와 넷째공주는 꽃을 보러 걷기도 전에 하늘나라 별꽃이 되고 말았습니다. 다섯째공주에게는 무슨 꽃을 다스려야 할지 스스로 찾아보라 하였습니다. 여섯 번째로 태어난 왕자에게는 들판에 피는 야생꽃들을 다스리게 하고 언니 오빠들이 다 자란 다음 늦둥이로 태어난 막내공주는 오래 동안 여왕과 같이 있어야 하기에 땅에 피는 꽃들 외에 하늘과 물꽃을 다스리게 하였습니다. 막내공주는 일찍 하늘나라 별꽃이 된 두 공주를 생각하며 별초롱을 선택하여 별초롱 꽃이 되었습니다.
왕과 왕자는 사냥도 하고 산 넘어 세상을 돌아보러 집을 떠나기도 하여 꽃궁전은 꽃님공주들만 남아 있을 때가 많았습니다.

어느 따뜻한 날 온 몸에서 꽃향기를 품어내는 막내 공주는 개울물 따라 생긴 숲속 작은 오솔길을 춤추듯 경쾌한 걸음으로 총총거리며 걷고 있었습니다. 왕과 왕자는 이웃으로 떠나고 언니공주들은 아버지가 돌아오면 올릴 혼례 이야기에 시간 가는 줄 몰랐습니다.

꽃동산 숲 속은 아주 조용한 듯 하였습니다.
그러나 가만히 바위에 앉아 있으면 졸졸졸 흐르는 개울 물 소리, 꽃들이 속삭이는 소리, 새들의 노래소리는 어느 음악보다 아름답게 울리고 산 속은 교향악이 울려 퍼지는 음악당 같았습니다.

개울아! 개울아!
너는 흘러 흘러 어디로 가니?
산새들 지저귀고
온갖 꽃들이 춤추는
이 숲속을 떠나 어디로 가니?
더 좋은 곳
꿈속에서 그리던
동화의 나라가 있다면
나도 너따라 가고야 싶다

〈 꽃향기 마을 〉

아름드리나무들이 있는 숲과 온갖 봄꽃이 피어나며 밤이면 초가집에 달이 뜨고
들꽃 핀 들과 물보라가 일어나는 실개천의 정경을 그렸습니다.

어린 공주가 이리 작게 노래 부르듯 읊조리며 걸어가면 이제 막 잠에서 깨어난 산새들이 목소리를 가다듬으며 아침 인사를 하고 어린공주를 뒤따라가던 토끼와 다람쥐들이 반갑다고 꼬리를 흔들었습니다.
막내 초롱공주가 동화나라의 꿈을 노래한 그 해 가을 초롱공주는 정말 홀로 먼 나라를 찾아 길을 떠나야 했습니다.

공주가 여섯 살이 되던 늦은 가을, 그 날 꽃선녀 왕비는 누가 쏜 지 모르는 화살을 맞고 하늘나라로 떠났습니다. 멀리 떠났던 왕과 왕자가 돌아와 다시 꽃동산을 찾았지만 향기로운 꽃향기는 선녀의 죽음과 더불어 사라졌습니다.

왕은 새 왕비를 맞이하였고 새 왕비에게는 두 왕자가 있었습니다. 곧 공주도 생겼습니다.
꽃왕국을 자신의 큰 아들인 둘째 왕자에게 물려주고 싶은 새 왕비는 꽃선녀의 아들을 죽여야겠다고 생각하고 둘째왕자와 그 일을 계획하고 있었습니다. 막내아들이 그 이야기를 들었습니다.
막내는 얼른 큰 형 왕자에게 가서 이 사실을 알렸습니다. 왕자는 집을 떠나기로 하였습니다. 그러자 막내가 자기도 같이 떠나겠다고 하였습니다. 왕자는 따라오는 동생에게 물었습니다.

"네가 잘 못 들은 것 아냐?"
동생은 처음에는 확실하게 아니라고 하였지만 걷다가 배고프고 피곤해지면 묻는 형의 질문을 두 어 번 듣자 마음이 흔들렸습니다.

그래서 형에게 말했습니다.
"나는 다시 돌아갈게요. 형을 없애려는 나쁜 마음을 먹었어도 엄마는 엄마니까. 그래도 형은 멀리 멀리 보이지 않는 곳으로 떠나세요. 형이랑 사냥놀이 하다가 형은 어떤 큰 짐승에게 물려갔다고 할게요. 나중에 형처럼 커지면 그 때 형을 찾아갈게요."

이렇게 두 왕자는 헤어졌습니다.
멀어지는 막내 왕자의 모습에는 둘째와 막내가 싸우며 다스릴 꽃 왕국의 앞날이 그림자처럼 드리워져 있었습니다.
큰 왕자도 떠나야 하는 꽃 왕국과 어머니여왕이 그리웠습니다.

꽃왕비가 어렸을 때 왕국은 전쟁을 피해 내려온 몇 가족들이 모여 사는 작은 부락이었습니다. 마을 사람들에게 하늘과 하늘에 있는 별과 사람에 대해 마을 사람들을 가르치며 살던 꽃왕비의 아버지는 마을의 시시비비를 지혜롭게 잘 해결해주어 그 마을의 촌장이 되었고 이웃의 침입자를 잘 막아 주어 그 작은 마을의 우두머리가 되었습니다.
그러나 밤낮으로 쉬지 않고 일하고 밤하늘의 별들에 대한 공부를 하시던 아버지는 어린 남매를 두고 일찍 하늘로 올라가셨습니다.
아버지를 도우며 낮에는 산으로 나무하러 가며 집안일도 돕고 밤에는 촌장과 같이 하늘의 별을 보는 연구를 도와주던 한 집사는 어느 덧 선녀처럼 고운 처녀가 된 촌장님의 딸을 흠모하였습니다.

단오 날은 촌장 딸의 신랑이 택해지는 날이었습니다.
세 가지 수수께끼와 솜씨자랑에서 그 집사가 이겼고 둘은 결혼을 하였습니다. 아버지를 여의어 아버지 정이 그리웠던 꽃왕비는 온갖 정을 남편에게 쏟으며 무척 행복하였습니다.

그런데 세월이 흐르며 큰 걱정이 앞을 막으며 마음에 그늘이 생겼답니다. 아들이 없었기 때문입니다. 아들 낳기를 기다리며 네 공주를 낳았습니다.

다섯 째 아이를 가지자 왕비는 새벽 용란을 떠놓고 하늘님께 빌고 또 빌었습니다. 그러나 태어난 아기는 또 딸이었습니다.
아침에 오신 시어르신들은 딸이란 소식에 "큰집 소는 황소새끼를 낳았는데" 하시며 왕비에게 아픈 상처를 던지시고는 아기를 들여다 봄 없이 발길을 돌리시어 그냥 가셨습니다.

그 후 3년이 흘러가는 동안 셋째와 넷째는 하늘의 별님이 되었습니다. 셋째가 된 다섯째 공주는 남동생을 보았지만 남동생을 보기 전부터 오가는 병을 다 걸려 또 별나라로 간 두 언니들을 따라 떠날까 보아 금지옥엽 보살핌을 받으며 자랐습니다.

연이은 슬픔 속에서 태어난 왕자의 소식은 온 마을의 큰 기쁨이라 축하잔치는 일주일간이나 계속되었습니다. 엄마의 보물인 왕자를 향한 엄마의 마음은 세상에 부러울 것 없는 왕 중의 왕이었습니다.
아들 이름을 3일안에 물에 팔아야 좋다고 용우라 지었답니다. 용우 왕자는 두 공주를 하늘로 먼저 보낸 엄마의 슬픔도 씻어주었습니다.

딸 다섯을 난 후 많이 쇠약해 가던 왕비는 자라나는 아들을 바라보는 것이 몸과 마음에 보약이였는지 핏기 없어지던 엄마의 생기는 새로 돋아나게 하였습니다. 아들이 말도 타고 활도 쏘고 지식도 늘고 지혜도 자라자 하늘로 올라간 두 별 대신 별초롱 같은 공주가 태어났습니다.
그러나 꽃동산 왕궁을 탐내는 이웃마을에 여왕님이 된 엄마는 끊임없이 시달렸고 살 날이 멀지 않음을 알고 계시던 왕비는 먼저 가서 기다리는 두 별공주를 향해 가기 전 날 아장거리는 막내공주에게 일곱 빛의 일곱 초롱을 남겨주셨습니다.

커다란 전쟁이 일어나 꽃님 가족은 모두 고향을 떠났습니다.

별초롱은 각 초롱에 이야기를 담았습니다.
어린 공주를 끔찍히 사랑해주었던 언니공주들과 들꽃왕자가 들려주는 이야기를 각각 담았습니다. 공주들과 왕자는 언젠가 다시 평화로운 꽃마을이 세워지는 날을 꿈꾸며 닥쳐오는 많은 시련들을 꿋꿋이 이겨냈습니다.

막내공주는 산의 이야기, 별님, 달님의 이야기, 물의 이야기, 들에 부는 바람의 이야기, 꽃 선녀의 이야기를 각 초롱마다 채워갔고 언젠가 온 가족이 다 만나 새로 탄생할 꽃왕궁에 조롱조롱 무지개처럼 초롱들을 걸어 놓을 날을 꿈꾸었습니다.

별초롱의 초롱에 담긴 꽃님들의 이야기를 들어보시겠습니까?

〈 초롱꽃 〉
막내 초롱공주는 별뜨는 밤이면 달님이 된 엄마, 별이 된 두 언니 공주와 대화를 나눕니다.
초롱에는 별빛 이야기를 담아 올립니다.

초롱꽃님과 동백나무꾼 이야기

뒷 물결이 앞 물결을 밀어내듯 초롱공주는 길을 떠났습니다.
물 따라 숲 속을 벗어나 시냇물을 따라갔습니다. 시냇물은 강물을 만났고 강물은 바닷물을 만났습니다. 그리고 그 넓고 넓은 바닷가에서 초롱공주는 언니공주들과 큰 오빠왕자를 만났습니다.
큰 왕자와 같이 길을 떠났던 막내 오빠는 들판을 헤매다 다시 집으로 돌아가겠다 하여 헤어졌다는 것이었습니다.

셋째가 된 다섯째 공주는 영원히 행복한 나라로 먼저 간 넷째와 다섯째와 엄마왕비를 따라 갔지만 길을 찾지 못해 여러 다른 나라로 돌고 돌다가 가까스로 첫째와 둘째공주와 큰왕자가 있는 곳을 찾게 되었다고 하였습니다. 세 공주와 왕자가 머언 나라에서 돌아갈 수 없는 옛 꽃왕국의 영화를 그리워하며 새로이 터전을 가꿀 때에 셋째공주는 꽃왕국으로 되돌아갔다는 것이었습니다.

꽃왕궁을 차지한 새 왕비의 큰 아들이자 꽃왕국의 둘째 왕자인 마왕은 제국의 야심을 이루며 야금야금 이웃 땅을 먹기 시작하였습니다. 전쟁이 끊임없이 일어났고 꽃왕국은 결국 두동강이 났습니다. 마왕의 독재로 고통에 빠진 백성들은 점점 빛을 잊어간다는 소식이 들렸습니다.
셋째 무궁화꽃님은 마법으로 장님이 된 꽃왕국 사람들에게 새 빛의 백성으로 살게 해주고 싶은 열망으로 돌아가겠다는 것이었습니다.

창과 투구로 무장하고 빛의 여전사로 변모한 무궁화꽃님, 외롭고 험란한 길이지만 뜻을 함께 하고 변함없는 사랑으로 동행해주는 든든한 무사를 만났고 언제나 곁을 지켜주고 있어 먼나라 형제들의 마음에 큰 위로를 주었습니다. 여리게 자랐지만 무궁화꽃님은 여러 시련들을 지혜롭게 잘 이겨내서 이미 여왕의 바턴을 이을 자격을 갖추고 있다는 소식을 들으며 먼 따듯한 나라의 꽃님 형제들은 천국에 계신 꽃선녀님이 힘을 주고 계신 것이라고 생각하였습니다.

언니 오빠 꽃님들을 찾아 나선 초롱공주는 빨갛게 물든 동백꽃님을 만났고 서로 다른 미지의 나라에서 꽃밭을 가꾼 언니 오빠들의 이야기를 초롱공주는 초롱에서 하나씩 꺼내기 시작하였습니다. 초롱꽃은 고개 숙이고 땅만 쳐다보고 피어있지만 상상의 나래는 먼 하늘 우주끝까지 펼칠 수 있었기 때문이었습니다.
참으로 오랜만에 왕자님과 세 공주가 한자리에 모였습니다. 한 자리에 모일 수 있는 날 언니 꽃들은 그냥 눈물만 흘렸습니다. 눈물이 비가 되어 비 개인 후 일곱 색의 무지개가 뜨나 봅니다.

오옥수

이모꽃님과 바람나무꾼 이야기

이름 모를 꽃이 된 첫째 공주 이모꽃님은 산 속 이야기를 들어주느라 바빴답니다. '산에 산에 꽃이 피네~' 이모꽃님의 노래 소리가 지금도 산 속에 울려 퍼집니다.
그 노래 소리에 세 가닥 바람소리가 산울림이 되어 산을 감싸고 돕니다.

산에 피는 꽃 산유화

첫째 공주는 그 중 봄이면 온 산을 붉게 물들이며 봄의 향기를 한껏 뿌려내는 진달래를 특히나 좋아했습니다. 그래서 진달래로 유명한 오대산을 자주 찾곤 했지요. 그러던 어느 날 산속에서 세 가닥 바람을 만나게 되었지요. 그 곳 오대산에 둥지를 틀고 바람과 함께 여생을 보냈답니다.
두 가닥 바람은 바위가 되고 나머지 한 가닥 바람은 옆 산 작은 금강이라 불리우는 소금강으로 불어 갔지요. 오대산에 두 바위, 그 중 한 바위는 오 민석, 다른 한 바위는 오 중석이라 부른다지요.
소금강으로 날아간 바람은 그곳에 많은 아름다운 연못의 주를 이루는 연못이 되어 주연이라 불리운답니다

꽃은 시들어 지더라도
때가 되면 다시 피건만

멀리 떠난 세 가닥 바람은 대답 없는 산울림이 되어 돌아오니 기다리다 기나리다 이름조차 잃어버려 무명초가 되어버린 이모꽃님은 세 가닥 바람도 무명초라 부릅니다.
세 가닥 바람무명초는 이모꽃 주변을 맴돌며 사랑한다는 말이 쑥스러워 꽃잎만 살짝 흔들어 놓고 스쳐 지나 간답니다.

박꽃님과 찔레나무꾼 이야기

박미자

둘째 박꽃공주는 창가에 연인과 함께 앉아 차 한잔을 나누며 달빛 아래 요요히 피어있는 꽃들의 향기에 때로는 흠뻑 젖어보고 싶어하는 감성적인 소녀였습니다.
커다란 눈에는 이웃의 작은 아픔에도 눈물이 펑 고이곤 하였지요. 그들을 위해 옷도 만들어 주고 음식도 만들어 주는 솜씨 좋고 다정다감한 소녀이었습니다.

바다 건너온 박씨가 흥부의 박씨일 것이라 믿으며 박꽃은 박씨가 온 미지의 나라 눈 덮힌 나라로 주저없이 홀홀단신 행장을 꾸리고는 날아갔습니다. 그를 맞이한 꽃같이 예쁜 왕자는 가시돋힌 찔레나무꾼이었습니다. 눈덮힌 산으로 둘러쌓인 세상 밖이 무서워 찔레 옆을 못 떠난 박꽃은 세 살난 개구쟁이처럼 집뜰 작은 마당을 기웃 기웃 기어다니다가 초가지붕 위로 올라가 하얀 꽃을 피우는 박꽃이 그립고 그리워졌습니다.

따듯한 천사의 나라로 다시 떠나온 곳에서 둘째 공주는 지붕 위에서 달님 별님 이야기 모두 참견하며 지내겠다고 박꽃이 되었습니다. 달빛 아래 아침이슬과 친구되어 시간 가는 줄도 모르고 하얀 밤을 지 샌 적이 한두 번이 아니랍니다. 자 들어보세요.

내 주제도 모르고 꿈을 안고 용감하게 희망에 부풀어 왔는데 꿈은 꿈. 현실이 아니었어. 땅은 넓고 넓은데 눈 녹기가 무섭게 눈이 내리는 추운 곳에 꽃 피울 마땅한 초가지붕이 없었어. 왜 그리 꽃 핀 마당과 박꽃이 그립던지! 찔레 왕자가 물고 있던 박씨는 흥부 박씨가 아니였어요. 후회 많이 했네요, 떠난 고향과 헤어진 꽃님네들 그리워 눈물 많이 흘렸지.
하얀 박꽃 하얀 눈 속 에서 불빛이 아닌 눈물로 눈 녹였지만 꽃씨를 심을 수도 없고 누구에게도 눈에 뜨이지 않았지.

외롭고 추웠네요. 눈물로 얼어가는 내가 안타까웠는지 따뜻한 곳으로 내려와 자리를 잡았지. 세월이 흘러 꽃밭을 가꾸기 시작했지요,
굳은 땅을 파고 돌을 파내고 갖은 고생과 인내 끝에 제대로 밭을 일구어 놓고 우리 꽃님네들 만나게 되었지. 두 서너 송이만 피었던 꽃밭에 꽃씨가 떨어지고 또 자라고 이제는 꽃밭을 꽉 채워 활짝 피어 매일 보아도 예쁘고 흐뭇하니 외롭지 않네요.

청순하고 하~얀 박꽃이 높은 초가지붕위에 피어 오가는 사람들 눈길을 한곳에 모았네요, 아래 땅은 보도 않고 높은 곳 먼~곳에 박꽃은 찾아 왔지요, 박꽃은 높고 넓은 빌딩위에 피려하였지만 초가지붕위에 피어있을 때가 제일 아름답다는 것을 알았을 때 크고 눈물 많은 눈에 굽이굽이 고개를 넘을 때마다 빗물처럼 주룩주룩^^

박꽃을 피울 자리도 없고 고귀하고 깨끗한 박꽃이 무엇인지조차 모르는 외지에서 서로움과 외로움에 휩싸여 그리움을 만들었네요, 박꽃과 찔레꽃의 만남이 다른 꽃들을 모았으니 이것이 대박이요, 삶의 진가인가 합니다. 눈이 아프네요, 무슨 말을 어떻게 했는 지도 모르겠습니다.

박꽃님 이야기를 들으며 모두들 가슴이 짜안해졌습니다. 외롭고 춥고 낯선 곳에서 눈물로 눈을 녹인 세월은 '나뭇꾼과 선녀'에 나오는 선녀의 땅에서의 삶과 비슷한 것 같아요. 하지만 선녀처럼 고향으로 돌아가지 않고 꽃밭을 일구어 고향을 옮겨온 점이 다른 것 같아요.
달빛아래 하얀 박꽃 공주는 갖은 고생과 인내로 하늘꽃씨들을 심고 또 심고 결국 하늘 꽃들로 가득 핀 하늘 꽃밭에서 매일 매일 행복하게 살았답니다.

들꽃왕자와 안개꽃 선녀이야기

○ 김다니엘

들꽃은 바람에 실려오는 이야기의 진위를 파악하느라 바쁘다고 전하였지만 특유의 이야기 솜씨로 그의 이야기를 들려주었습니다.

〈 들꽃 왕자의 사랑이야기 〉
해님(왼쪽 위) 꽃님(오른쪽 아래) 삼각을 이루는 호숫가에 나타난 눈이 큰 안개꽃 공주

들꽃왕자는 몸이 자라면서 지혜와 용모도 뛰어나게 자랐고 사람들의 마음을 편하고 즐겁게 해주는 언변술로 주위 많은 처자들의 흠모의 대상이었습니다. 그러나 무슨 이유인지 왕자의 마음을 사로잡은 여인은 없었습니다. 그러던 어느 날 여느 때처럼 왕자가 백마를 타고 넓은 들을 달리는 중 짙은 안개에 휩싸이게 되었답니다. 더 이상 아무것도 보이지 않게 되자 왕자는 말에서 내려 안개에게 명령하였습니다.

"내 눈을 가리는 안개여. 어서 너의 정체를 드러내어라."
그러자 안개가 홀연히 사라지고 그곳에 아리따운 공주가 서있었답니다.
그 아리따움에 마음이 사로잡힌 왕자는 정신을 차리고 말하였습니다.

"너는 누구이며, 너 어찌 안개를 일으켜 내 앞길을 막았느냐?"
그러자 공주는 공손히 아뢰었습니다.

"저는 안개성에 사는 연호공주입니다. 자세히 보십시요. 지금 왕자님은 국경을 넘어 저의 나라에 발을 딛고 계십니다." 둘러보니 그곳은 연꽃이 피어있는 삼각형의 호수가 있는 곳이었습니다. 들꽃 왕자가 더 달렸더라면 호수에 빠질 뻔하여 공주가 안개를 내어 구해 준 것이었습니다. 그 때서야 왕자는 정중히 사과하며 감사를 표하였습니다.

"그대 모습이 꽃보다 더 아름다우니 이제부터 그대를 나의 꽃씨라 부르겠소."

그러자 공주는 왕자에게
"왕자님 모습은 해처럼 빛이 나오니 저의 해씨라 부르겠습니다."
둘은 사랑에 빠지어 가끔씩 삼각호수에서 밀회를 하다가 왕자 수업이 끝난 다음 날, 급기야 성대한 결혼식을 올렸답니다.

신연호

안개꽃과 어부 이야기

안개꽃의 꽃말은
청결, 기쁨, 원하는 것을 위해서는 죽어도 좋아.

어느 작은 어촌에 인어 공주를 닮은 눈이 큰 예쁜 소녀가 살고 있었습니다.
어느 날 작은 쪽배를 타고 바다로 나가다 풍랑을 만나 위험에 처하게 되었습니다. 그때 그곳을 지나던 젊은 어부가 그녀를 죽음에서 구하게 되고 그 인연으로 그들은 서로 사랑에 빠지게 되었습니다.
그 어부는 그녀가 원하는 것을 해주기 위해 큰 어선을 타고 멀리 고기잡이를 나갔습니다. 그녀는 그가 무사히 돌아오기를 빌며 매일같이 기도를 드렸습니다.

오랜 시간이 지나도록 돌아오지 않는 그를 기다리는 동안 그녀의 미모에 반한 촌장의 아들이 청혼을 하였습니다.
맛있는 음식과 값진 패물로 그녀의 마음을 사볼려 애를 써보지만 그녀의 마음에는 오직 그 젊은 어부 뿐이었습니다. 촌장의 아들은 어부가 풍랑을 만나 죽었다는 거짓 소문도 내보지만 그녀는 믿질 않았습니다.
그렇게 세월이 흘러 꽃피는 봄이 되었을 때 반가운 봄소식을 안고 그가 살아 돌아왔습니다. 사실 죽을 고비를 몇 번 넘겼지만 그녀를 다시 만나 즐겁게 해주어야 한다는 일념으로 살아 돌아왔던 겁니다.

한편, 촌장 아들은 심기가 몹시 불편해 그를 죽이려고 사람들을 고용해 그를 바닷가로 불러냈습니다. 이를 눈치 챈 그녀가 그 사이에 끼어들어 그의 손을 잡고 도망쳤습니다. 도망치다 넘어져 거의 잡히게 되었을 때 그녀는 엎드려 기도를 하였습니다. 내가 죽더라도 그를 살려 달라고.

그러자 갑자기 안개가 사방을 덮어 쫓아온 사람들은 길을 잃고 헤매다 돌아가고 그가 정신을 차리고 일어나니 주변이 하얀 꽃들로 덮여 있었습니다.
그 꽃 한가운데서 그녀가 꽃 보다 더 아름다운 미소로 그를 반기고 있었습니다.

그 후
그 꽃을 안개꽃이라 부르며
둘이는 행복하게 살다 꽃향기가 되어 그 향기를 바람에 실어 연인들에게 보낸답니다. 문화치유

남가주 식구들은 '천사의 도시'에서 이렇게 행복하게 살고 있습니다. 아니 반의 행복을 누리고 있습니다.

북의 꽃왕국에서 헤어진 가족들을 만나는 날이 온전한 행복의 날이 될 것입니다. 그 날을 위해 집집마다 가정예배, 모임마다 통일생각! 실천하려 합니다.

문화치유 모임이 있어 사막 같은 곳에 희망과 행복의 꽃을 가꾸게 되었답니다. 그 향기가 그리움의 파도를 타고 고향 꽃왕국까지 날아가기를 바랍니다.

〈 약봉대감과 결혼한 눈 먼 여인 〉

비록 세상을 볼 수 없어도 영적 눈이 떠있고 내면으로는 지혜로워 3대 정승을 내놓은 여인.
열매 풍성한 세 나무는 정승을 상징하고 커다란 집 지붕이 그 뒤에 보입니다.

제4장
좋은 부부가 훌륭한 자식을 만든다

최 래 옥
한양대학교 명예교수

♣ 약봉대감의 어머니 이야기

▣ 멀어서 탈이요.

서울 남대문 밖에 약현(藥峴)이 있다.

지금 서울역 뒤 곧 염천교와 서울역의 서부에 있는 봉래동. 중림동, 애오개 일대이다. 조선시대에는 왕궁王宮에서 쓸 약초를 기르던 곳인데 그 때는 현峴, 고개 현이 아니라 존엄尊嚴한 왕과 왕족이 먹을 약을 심은 곳이라서 작지만 봉 峰. 봉우리 봉 이라고 하였다. 그곳의 당시 이름이 약봉藥峯이었다.

지금부터 400여년 전, 임진왜란이 나기 이전에 약봉 아래 기슭에 달성達成 서씨徐氏가 살았다. 이 달성 서씨는 본디 명문대가名門大家지만 그때는 그냥 한미寒微하였다.

하루는 그 집에 중매쟁이가 찾아와서 중매를 하였다.

"댁의 아들 서도령이 장가를 들 나이지요? 마침 마땅한, 아니 천하에 제일가는 규수가 있어서 중매를 할까 합니다."
중매라면 좋지, 서씨 집에서 물었다.

"어떤 규수이기에 그리 칭찬을 하오?"

"고성 이씨固城 李氏 딸인데 인물이 좋고 침선針線 바느질이 뛰어나며 식선食膳. 음식 또한 일품이고... 이렇게 부공婦功이 좋은데다가 아주 총명聰明하기까지 합니다."

"아, 총명까지..."

"단 한 가지 흠은... 멀어서 탈입니다."

"아, 그야 멀면 어떻소? 마음만 있으면 먼 것은 문제가 아니지요. 자, 쇠뿔도 단김에 빼랬다고 얼른 중매를 서시오."

이리하여 혼사가 성사되었다.
서 도령은 신랑, 이 처녀는 신부.... 이들이 급하니까 바로 첫날밤으로 들어갔겠다. 신랑신부가 오죽 급한가?

그런데 급하지 않는 일이 생겼다.
신부는 신랑이 자신의 족두리를 벗기지 못하게 기를 쓰고... 옷고름도 벗기지 못하게 하였다. 신랑이 신부에게 손을 대면 신부는 고슴도치마냥 웅크릴 뿐만 아니라, 대들다시피하였다.
신랑은 신부가 부끄러우니까 당연히 그럴 수 있다고 생각을 하였는데 시간이 흐르면서 괘씸한 생각이 들었다.

고약한 성정性情인가? 이 좋은 첫날밤에 그런 까탈스러운 성정을 부릴 신부는 아닐 터인데.... 무슨 사연이 있는 것 같았다.
아니 틀림없이 사연은 있다! 그러면 신부가 이전 사귀던 남자를 못 잊어서 그런가? 양반집 딸이 그럴 리는 없을 것인데...

그러면 혹시...

이런 생각이 미치자 신랑은 분노하였다. 신부가 부정不貞하다니...
신부의 그런 얼굴을 보면 알 수 있겠다 하고 신랑은 신부의 두 귀 쪽에 두 손을 대고, 홱 잡아돌렸다.

"나를 똑바로 보라고요! 똑바로 보라고, 똑바로!"

신부는 신랑을 똑바로 보았다.
신랑 역시 신부의 얼굴을 쏘아보았다.

장님이었다.
신부는 똑바로 볼 수가 없는 눈이었다.

"아..."

신랑은 신부의 두 귀를 놓았다. 이럴 수가... 이럴 수가...
신랑은 어이가 없었다.
잠시 침묵이 흘렀다. 신랑도 신부도...

신랑이 이윽고 어깨를 추슬렀다. 마음을 늦췄다. 목소리를 가다듬었다.
감정을 평상심平常心으로 돌려놓고 말하였다.

"신부... 알았소. 고맙소..."

"…"

"아, 중매가 들어왔을 때 신부가 다 좋은데 먼 것이 탈이라고 하였는데… 우리 집은 먼다는 것을 거리가 먼 것으로 알았더니… 눈이 먼 것이군요. 당신이 눈이 멀어서 시집을 못갈까 보아서, 처녀 귀신이 될까 보아서 형식적이나마 시집을 갔다는 소리를 들으려고 서둘러 이 혼인을 하였군요. 알았소. 당신의 안타까운 심정을 내가 알았소이다.
아, 나는 그 동안 내 눈이 둘인 것을 몰랐소. 눈 하나면 세상을 다 보아서 살기에 지장이 없는데… 왜 나의 눈이 둘인 줄을 전혀 몰랐소,
그렇게 이 나이가 되도록 모르고 살아왔구려."

"…"

"이 나의 눈 하나는 신부 당신의 눈이었구먼요. 나는 이 나이가 되도록 신부의 눈을 빌려서 쓰고 보고 살아왔구려. 그동안 눈을 빌려주어서 고맙소. 이제 눈 임자가 이 밤에 여기에 찾아왔으니 드리리다."

"…"

"세상 사람은 혼인하면 부부가 한 몸이라 부부일신夫婦一身이라고 한다오.
신랑인 내가 볼 수 있다면 신부도 볼 수 있지 않소이까?
신부여, 이제는 눈을 뜨시오.
우리 부부가 되어 이 밝은 우리 세상을 밝게 봅시다. 밝게 삽시다. 행복하게, 행복이 넘실거리게…"

"…"

"중매쟁이가 신부는 총명聰明하다고 하였소. 본디 총聰은 귀가 좋아 잘

듣는 것이고, 명明은 눈이 좋아 잘 본 것이라는 뜻이라오. 견문見聞을 마음에 새기고 제대로 행하는 것이 총명일진대 신부는 눈이 그래도失明 총명하였는데 이제는 눈을 얻었으니得明 더 총명해졌지 않겠소?
총명한 신부가 가난한 우리집을 부자로 일구어주시오. 무명無名한 나를 유명有名하게 일구어주소서.

신부, 밝은 세상 밝게 삽시다.
내가 신부의 눈이 되고 신부도 나의 눈이 되고 말이오.
신부는 우리 집을 흥창興昌하게 할 수 있소.
나는 장가를 잘 들었소. 그래서 고맙소.
신부 고마워요."

하고 손을 꼭 쥐었다. 으스러지게 말이다.
신부를 꼭 끌어안았다. 으스러지게 말이다.

"..."

"신부 안심하오, 나의 눈 임자여!"

"흑 흑 흑..."

신부는 울먹였다. 울었다.
신랑도 울었다.
어느새, 족두리도 옷고름도 없어졌다. 대신 눈물과 사랑이 촛불로 타고 있었다. 신방은 환하였다.

방밖에 아주머니들은 신방엿보기를 하고 있었다.
남들이 하듯이 그저 장난기 어린 엿보기가 아니었다. 처음부터 지금까지 신랑이 저런 신부를 어떻게 대할 것인가, 궁금하고 불안한 엿보기였다. 그런데 지금은... 기쁨과 눈물의 엿보기였다.

덕담을 하였다.
"아. 저런 신랑은... 저런 신부는... 자손이 잘되어라.
삼대三代 정승政丞을 낳아라. 아들도 정승, 손자도 정승, 증손자도 정승...
부부가 화목하면 자식이 잘 된 법이다. 손자도 후손도..."

▣ 약주(藥酒), 약식(藥食) 약과(藥果)

신랑신부는 약봉 아래에 살았다. 신부는 음식 솜씨가 뛰어났다.
무슨 음식을 만들어도 남이 이전에 한 적이 없는 창조적創造的이었다.
장안 사람들이 다들 말하였다. 약봉 약봉 약봉...

"약봉 술藥峰酒이 제일 맛있다.
서울 장안에서 제일가는 약봉주.
줄여서 약주藥酒라고 하자."

"양봉 밥藥峯食이 맛있다.
밤 대추, 콩 팥. 반찬이 없어도 어디서나 맛있게 먹을 수 있는 영양 만점 밥이야. 줄여서 약식藥食이라고 하자."

"약봉 과자藥峯 果子는 맛있다.
온갖 것이 다 들어간 일등 과자...
줄여서 약과藥果라고 하자."
약藥이 들어간 음식이라서 약주나 약과나 약식이 아니고
제일 좋은 약봉 음식이라고 하여서 약藥이 들어갔다.

지금도 사람들은 술을 귀하게 말할 때,
"약주 한 잔 하실까요? 약주를 잘 드십니다."처럼 술을 경대敬待할 때 약주를 말한다.
지금부터 400여년 전 약주가 지금도 대접을 받고 있는 것을 보아라.

▣ 집을 되도록 크게 짓자.

이 신부는 세월이 흐르고 흘러서 후에 할머니가 되었다.
벼슬아치나 공무원으로 청빈清貧한 삶도 좋지만 당당하게 번 돈이라면 청부清富도 좋다고 하였다.

"나는 약주, 약과, 약식으로 돈을 많이 벌었다. 나라에서 준 봉록俸祿을 알뜰살뜰하게 모았다. 당당하게 번 돈이라면 당당하게 써야 한다. 바로 우리 집을 크게 짓자. 집이 크면 자손이 번창하여도 넉넉하여 걱정이 없고, 찾아오는 손님도 불편하지 않게 크게 짓자. 무릇 돈이 있으면 일工事을 크게 벌여야 여러 사람이 자기들 솜씨를 발휘할 수 있고, 돈을 벌 수가 있다. 사람은 돈이 있으면 풀어야 한다.
당당하게 번 돈이라면 당당하게 써야 한다.

그래서 그 집은 매우 컸다.

▣ 누구나 땅을 파고 돈을 가져가시오,

이 할머니는 집을 지을 때 집터를 크게 잡고는 일꾼을 사서 돈 100냥을 그 집터자리 땅을 파고 묻어두었다.

"이왕 집을 지을 바에는 소문을 내고, 화제話題를 뿌리며 짓자. 여러 사람이 우리 집을 짓는 중에 관심을, 현장에 와서 보고, 그래서 집을 짓는 일꾼이 꾀를 피우지 않게 하자. 이전 말에 노변성가삼년路邊成家三年이라 하였다. '길가 집 짓기', '갈갓집 짓기 삼년'이라는 말이다,
길가에 집을 지으면 지나가는 사람이 그 집을 보고 이러쿵저러쿵 말들을 많이 하여 빨리 짓지 못하고 삼년이나 오래 짓는다는 말이다.

그런데 나는 이 속담을 이렇게 해석하여 활용하겠다.
우리 집짓기를 보는 사람이 많을수록 우리 집은 잘 지어질 것이 아닌가? 내가 일일이 집짓기 감독을 하지 않아도 보는 사람마다, 갈 가는 사람마다 감독이 되니까 말이다. 그러면 그들은 소문을 낼 것이고 사람들의 관심을 끌며 너른 집터의 기초공사를 잘 할 것이다.

"서울 장안 사람들아. 우리 집을 지을 자리에 돈 100냥을 묻어놓았다. 누구나 와서 그 돈을 다 캐가거라." 이렇게 동네방네 외쳤다.

이리하여 서울 장안이 우끈하였다. 여기저기에서 약봉으로 돈을 캐러 가자고 하였다.
이리하여 이 집의 소문도 나고 집터 기초공사 땅파기도 하였다. 사람들은 약봉 서씨(徐氏) 집을 짓는 데에 나도 한 자리 공을 들었다고 하고 와서 보고 잘 지으라고 한 마디도 하고, 돈을 벌게 해주는 서씨 집이 잘 되라고 덕담도 하였다.

▣ 집 기둥을 뽑아 한강에 띄우라.

집을 짓는 대목수大木水. 감독는 아들 친구를 썼다,

집이 거의 완공이 되었을 때 할머니가 집에 가서 기둥을 일일이 만져보며 만족하였다. 이 모습을 곁에서 지켜보는 대목수도 기뻤다.
그런데 한 기둥 하나에 이르러서 할머니의 안색이 변했다.

"이 기둥은 거꾸로 섰다. 뿌리가 있는 아랫대목이 위로 가고, 가지가 있는 윗대목이 아래로 갔다. 물구나무를 선 이 기둥을 바로 잡아라."

그러니까 대목수는 깜짝 놀라서 아니라고, 그 기둥도 바로 섰다고 하였다. 할머니가 말하였다.

"아니다. 눈은 멀었지만 나의 손은 안다. 이 기둥을 나의 손으로 만져 보니까 나무결이 반대다. 다른 기둥과 다르다. 바로 선 기둥이 100년을 간다면 이런 거꾸로 선 기둥은 80년이 간다. 기둥 하나가 80년이 간다면 결국 이 집도 80년 밖에 못 간다. 그러면 그대는 소문난 대목수였다는 소리를 듣겠는가?"

"그래도 기둥은 바로 섰는데요."
하고 대목수가 고집을 부렸다.

"그렇다면 저 기둥을 빼서 한강 물에 띄우라. 서 있는 기둥은 언뜻 보면 바로 섰는지 거꾸로 섰는지 모르지만, 또 내가 손으로 만져서 안다고 하였지만 그대가 못 믿겠다고 하니 한강물에다가 물어볼 수밖에 없다.
아무래도 저 기둥 뿌리 쪽이 먼저 세상에 나왔으니까 무거울 것이고, 무거우면 한강물에 뜬 기둥의 뿌리 쪽이 가라앉겠지..."

할머니가 이렇게 말을 하니까 대목수는 할머니에게 항복하였다.

"잘못했습니다. 기둥을 바로 세우겠습니다."

"나는 아들의 친구인 자네를 사랑해서 한 말이니 너무 섭섭하게 여기지 말게. 80년, 100년 후에 우리가 살아있겠는가? 그러나 우리 몸은 비록 없어지겠으나 우리 이름도 명성名聲도 살지. 사람은 사는 것을 안다고 삶 앎이라고 하여 사람이라고 한다네. 몸만 죽었다고 사람도 죽은 것은 아니라네.
남들은 흔히 '역사歷史 앞에서 떳떳이', '역사가 안다', '역사의 심판을 받는다'고들 말하지만, 그런 거창한 말은 할 필요가 없네. 죽어서 관뚜껑 덮는 순간, 산 사람이 그 죽은 사람을 보고 말을 하는 것이 역사야.
바로 사람이 죽어 없어지는 것이 역사야. 죽은 사람의 이름이 역사가 되지. 나나 자네나 이 집을 통하여 좋은 역사를 남기자고 한 말이네."

대목수는 울었다.
친구 어머니가 장님이라 무엇을 모른다고 잠시 고집을 피웠는데 이런 역사의 뜻을 말하니까 불효막심不孝莫甚 이었다.
친구 어머니가 자기 어머니였기에...

나는 이 글을 2016년 8월 초 염천炎天에 쓴다. 날이 뜨거운 것은 문제가 안된다. 이 신랑 신부의 뜨거운 사랑이 문제다. 신부가 된 할머니의 뜨거운 총명이 문제다.
그래서 나는 땀을 흘리면서도 이 글을 쓴다.

아 참, 이 서도령 부부가 삼대정승三代政丞을 둔다고 하였지.
그래, 서도령 부부의 아들인 약봉대감藥峯大鑑 이야기를 하겠다. 그 아들이 바로 서성徐渻 1558. 명종 13년-1631. 인조 9년이다. 대제학 서거정徐居正의 현손玄孫이다. 이 이야기에 나오는 아버지 서도령은 해嶰이다.
서성은 율곡 이이栗谷 李珥의 제자이다.

그는 1592년 임진왜란이 일어나자 선조를 승지承旨로 호종扈從하였다. 그때 도승함경도로 갔다가 국경인鞠景仁이라는 왜군에 붙은 반역자에게 붙들려 결박하여 왜장 가토加藤淸正에게 가게 되었으나 탈출하였다. 후에 도승지가 되고, 인조 때 이괄李适의 난에 왕을 강화도로 호종하였다. 영의정에 추증이 되고 달성부원군達成府院君이 되었다. 세간에서는 그를 보통 약봉대감이라고 부른다. 묘는 경기도 포천군에 있는데 명당明堂의 대표라고 한다.

아름다운 첫 날 밤에 신방 앞에서 엿보기를 하며 덕담을 한 것이 열매를 맺었다.
그 어머니, 그 아버지의 그 아들... 좋은 부부가 좋은 자식을 만든다.
총명聰明은 알아주는 사람이 있어야 총명이다.

사람은 가도 이름을 남긴다. 이것이 역사다.

자, 우리 약주를 들자!
총명주聰明酒를 마시자!
쌍화탕雙和湯을 들자.
부부 쌍방이 화목한 탕湯을 한 사발 들자.

이 오뉴월 염천에... 문화치유

편집후기

김 정 란

작은 호흡으로 시작했는데 약봉대감 댁 총명주와 쌍화탕을 맛보는 벅찬 감동으로 숨을 몰아쉬며 끝냈다.

설화 속에서 진리의 역사를 찾아 지금, 여기, 우리 대한민국의 이야기를 동화로 써보자 하였지만 첫 걸음마하고 앉아버렸었다.
전설의 고향으로 남아있는 한 맺힌 땅의 상처 난 이야기들을 태초부터 보이지 않게 역사하신 분에 대한 감사와 앞날에 대한 희망으로 회복된 하늘나라 이야기, 영원히 행복하게 사는 날 이야기로서의 씨앗을 뿌리자는 것이었다. 그 동화에서는 행복한 부부가 있어야 하고 통일된 국가의 비전이 피어나야 한다고 했다.
하늘 아버님이 원하시는 것은 분열이 아니라 본래의 복된 삶으로의 통일이라며.
이것을 작은 일이라 생각하였다.

잃어버린 반쪽의 세월이 71년이 넘었어도 우리의 의식 속엔 옛이야기도, 통일도 정리되어 있지 않았다.
우선은 그저 단순히
통일을 부부 이야기로 시작하며 일어서서 다시 걷자

하였지만 부부이야기도 간단하지 않아 좀 더 기다리며 먼저 읽기와 듣기부터 하자고 하였다.

재미와 진리가 하나 되는 길
부부가 향하여 갈 길도 통일이라는 시각으로 보며 전해오는 옛 이야기를 듣기 시작하였다.
하늘나라 땅 나라를 오고가는 옛이야기에서 역사歷史의 주인공들을 만났고 통일이 하늘나라 고향 길로 가는 구원의 십자가 길임을 보게 되었다.
실제 존재했던 옛 선조들의 삶들의 사례들, 결혼이야기, 부부의 삶 이야기는 저 곳을 보여주는 역사役事현장이었다.
상상을 초월한 경이담 중의 경이담이었다.

고개 숙여 들어야 할 옛 어르신들의 지혜로운 삶의 흔적은
개인과 나라의 역사가 점 점 높이, 점 점 더 깊게 날아가는
영적 세계의 역사의 흐름이고 계획임을 보여주고 있는데
우리의 현실은 자꾸 부끄러워진다.

이게 작은 일인가?

에스겔 37:15-17 (유다와 이스라엘의 통일)

15 여호와의 말씀이 또 내게 임하여 이르시되
16 인자야 너는 막대기 하나를 가져다가 그 위에 유다와 그 짝 이스라엘 자손이라
쓰고 또 다른 막대기 하나를 가지고 그 위에 에브라임의 막대기 곧 요셉과 그
짝 이스라엘 온 족속이라 쓰고
17 그 막대기들을 서로 합하여 하나가 되게 하라 네 손에서 둘이 하나가 되리라

치유시대 *Talking & Memo*

Bible & Culture, *Fairy and Woodcutter, 2016*
Printed in Seoul.